Sarah Beaman

zugeknöpft

Haupt

zugeknöpft

35 Projekte und Ideen
für originelle Knöpfe

Sarah Beaman

Haupt Verlag
Bern • Stuttgart • Wien

Die englische Originalausgabe erschien 2005 unter dem Titel **button maker**
von Sarah Beaman bei Chrysalis Books Group, GB-London.

Aus dem Englischen übersetzt von Elke Schröter, D-Berlin
Redaktion der deutschen Ausgabe: Claudia Lüdtke und Eva Hauck, D-Berlin
Satz der deutschen Ausgabe: Thomas Heider, D-Bergisch Gladbach

Bibliografische Information der Deutschen Bibliothek:
Die Deutsche Bibliothek verzeichnet diese Publikation in der Deutschen Nationalbibliografie; detaillierte bibliografische Daten sind im Internet über http://dnb.ddb.de abrufbar.
ISBN 3-258-06987-5

Haben Sie Anregungen für unser Programm? Möchten Sie uns zu einem Buch ein Feedback geben? Wünschen Sie regelmäßig Informationen über unsere neuen Kunsthandwerk-Titel? Dann besuchen Sie uns bitte im Internet auf **www.haupt.ch**. Dort finden Sie aktuelle Informationen zu unseren Neuerscheinungen und können unseren Newsletter bestellen.

www.haupt.ch

Inhalt

Einführung

In diesem Buch wird gezeigt, wie man wunderschöne Knöpfe zur vielseitigen Verwendung selbst herstellen kann – aus verschiedenen Materialien und mit unterschiedlichsten Techniken. Ob geübte oder ungeübte Hände – für jeden ist etwas dabei.

Mit selbst gemachten Knöpfen verleihen Sie Ihrem handgearbeiteten Objekt eine ganz persönliche Note. Sie können mit diesen Knöpfen in unaufdringlicher Weise etwas über sich selbst aussagen – ohne dabei übertrieben zu wirken. Eine Näharbeit kann beispielsweise durch Knöpfe, die aus denselben Materialien gefertigt wurden, hervorragend ergänzt werden. Aber auch wenn Sie nicht selbst nähen, können Sie jederzeit mit einem der hier vorgestellten Projekte beginnen. Spezialwerkzeuge werden dazu nicht benötigt. Lediglich Freude und Kreativität sind gefragt. Verwenden Sie feine Garne und zarte Stoffe, die zu den verhältnismäßig kleinen Knöpfen passen, damit das Ergebnis elegant aussieht.

Jedes Kapitel beschäftigt sich mit einem anderen Material. Es beginnt jeweils mit einem Abschnitt, in dem Techniken zur Herstellung anhand von Schritt-für-Schritt-Anleitungen mit Fotos erklärt werden, gefolgt von Projekten, die Sie selbst nacharbeiten können. Die meisten Materialien erhalten Sie in Kurzwarengeschäften und Bastelläden. Im Anhang des Buches finden Sie außerdem eine Liste mit Bezugsquellen.

Egal, ob einfach oder kompliziert – die Herstellung und Verwendung handgefertigter Knöpfe kann sehr viel Freude bereiten. Ich hoffe, Ihnen mit diesem Buch die nötige Inspiration liefern zu können, damit Sie mit der Herstellung Ihrer eigenen Knöpfe beginnen und sie nach Ihrem Geschmack verändern und weiterentwickeln. Ein handgefertigter Knopf kann ein gekauftes Stück in etwas ganz Besonderes verwandeln oder den krönenden Abschluss einer mühevoll gefertigten Handarbeit darstellen.

Viel Spaß beim Knöpfemachen!

Sarah Beaman

Knöpfe ändern

Auf diese Weise können Sie schnell und leicht einen ganz gewöhnlichen Knopf in etwas Besonderes und Individuelles verwandeln und ihm eine neue Bedeutung verleihen. Knöpfe können auf vielerlei Weise verschönert werden. Lassen Sie Ihrer Kreativität freien Lauf!

Fotos und Rubbelbilder

Flache Knöpfe mit Öse werden zu Miniatur-Rahmen, wenn auf ihnen ein Bild befestigt wird, und sie eignen sich bestens für die Herstellung von Grußkarten, Familienalben etc. Fertigen Sie von wertvollen Fotos Fotokopien an. Schneiden Sie diese aus oder verwenden Sie eine Stanze, um einen besonders akkuraten Kreis zu schneiden. Rubbeltransferbilder sind wieder in Mode gekommen und lassen sich auf glatte Knopfoberflächen gut übertragen.

Bemalen, Vergolden, Einbrennen

Bemalen ist eine gute Methode, um einen Knopf interessanter zu gestalten. Sie können das vorhandene Muster nachmalen oder einen einfarbigen Knopf mit Ihrem eigenen Motiv versehen. Nehmen Sie Lack, wenn der Knopf abwaschbar sein soll. Um eine glänzende Oberfläche zu erzielen, kann man einen Knopf auch vergolden; oder Sie verzieren Holzknöpfe mit einem Brandmalgerät und erhalten so ein eher rustikales Ergebnis.

Strasssteine

Mit Edelsteinimitaten mit flacher Unterseite sehen langweilige Knöpfe sofort wunderschön aus. Befestigt werden sie mit Sekundenkleber – so haben Sie Ihre eigenen »Edelsteine«.

Stoffbezüge

Diese Kunststoffknöpfe bestehen aus zwei Teilen. Beziehen Sie das Mittelteil einfach mit einem passenden Stoff und drücken Sie beide Teile wieder ineinander. Schauen Sie einmal in Ihrer Knopfkiste zu Hause nach. Dort finden Sie vielleicht ein paar ältere Exemplare dieser Art, die auf ein neues »Kleid« warten.

Aufkleber und Amulette

Es gibt viele Aufkleber und Sticker, mit denen sich dekorative Knöpfe herstellen lassen; Sie benötigen dafür nicht einmal Klebstoff! Außerdem eignen sich flache Amulette aus Metall (hier das keltische Motiv unten links), die mit Sekundenkleber befestigt werden können.

Neues Outfit

Hauchen Sie tristen Knöpfen neues Leben ein mithilfe von preisgünstigen Ansteckbuttons! Einfach die Anstecknadel mit einer Zange entfernen und dann den Button mit Sekundenkleber auf dem Knopf befestigen.

Einfache, flache Ösenknöpfe eignen sich als Träger für viele flache Objekte – alte Münzen sind beispielsweise sehr dekorativ. Sie lassen sich mit Sekundenkleber befestigen.

Oder stellen Sie einen Knopf her, der sich als Siegel verwenden lässt. Der Knopf oben links wurde aus einem farbigen Schmelzklebstoff gefertigt und bleibt, anders als herkömmliches Siegelwachs, biegsam. Fertigen Sie das Siegel auf Backpapier an. Sobald es abgekühlt ist, können Sie es abziehen und festkleben.

Objekte aus der Natur

Manche Naturmaterialien bieten sich geradezu an, zu Knöpfen verarbeitet zu werden – meist ohne viel Aufwand. Halten Sie also Ihre Augen offen. Hier wurden getrocknete gelbe Bohnen und Betelnüsse aus einem Asia-Supermarkt verwendet (unten) und mit Löchern versehen. Ebenso gut wären kleine Schieferstücke, Eichelhütchen und eine Vielzahl an getrockneten Kernen und Samen geeignet.

Knöpfe herstellen

Obwohl sich vorhandene Knöpfe mit nur wenig Aufwand individuell gestalten lassen, macht es auch sehr viel Spaß, selbst Knöpfe herzustellen und ihnen so eine eigene Note zu verleihen. Mit etwas Fantasie entstehen auf diese Weise Knöpfe, die die Blicke auf sich ziehen werden.

Eine Auswahl handgefertigter Knöpfe

Knopfformen

Für die Herstellung der meisten Knöpfe wird zunächst ein Objekt benötigt, das die Grundform des Knopfes bildet. Hierfür kann man viele Materialien verwenden, die manchmal auch beim fertigen Knopf sichtbar bleiben. Meist werden sie aber durch eine dekorative Abdeckung verborgen. Der fertige Knopf muss so fest sein, dass er im geschlossenen Zustand nicht durch das Knopfloch durchrutscht. Rechts werden einige Materialien vorgestellt. Sie können aber auch mit anderen experimentieren, etwa mit Unterlegscheiben, Korkplättchen, alten Knöpfen oder Holzdübeln.

- *Quadratische Grundform aus Karton*
- *Holzperlen*
- *Ausgestopfte Kugel als Grundform*
- *Gekauftes Herz aus Holz*
- *Handgeschnittenes Dübel- oder Rundholz*
- *Metall- und Kunststoffringe*
- *Eine Auswahl an überziehbaren Knöpfen*
- *Knopfrohlinge aus Kunststoff für Wickelknöpfe*
- *Knopfform mit Rand*

Eine feste Unterseite herstellen

Alle Knöpfe müssen so konstruiert sein, dass sie an ein Kleidungsstück oder ein anderes Objekt angenäht werden können. Die Grundformen für manche handgefertigten Knöpfe lassen an der Unterseite einen Hohlraum entstehen, sodass diese nicht befestigt werden können. Um dies zu vermeiden, sollten Sie eine feste Unterseite herstellen, wie unter *Eine feste Unterseite mit einer Fadenöse herstellen* auf Seite 87 erläutert wird.

Überziehbare Knöpfe verwenden

Mit ihnen lassen sich Knöpfe am leichtesten herstellen. Sie sind aus Metall oder Kunststoff und in verschiedenen Größen erhältlich. Wenn Sie einen dezenten Verschluss wünschen, verwenden Sie denselben Stoff, aus dem Sie Ihr Kleidungsstück oder textiles Objekt gearbeitet haben. Sie können diese Knöpfe aber auch als Grundformen für auffälligere Dekorationen verwenden. Für dicke oder steife Stoffe sind sie jedoch nicht geeignet.

Die Oberseite eines überziehbaren Knopfes beziehen

Wenn Sie einen leicht transparenten Stoff verwenden, muss die Knopfform zunächst unter einem anderen Stoff verschwinden. Feine Stoffe lassen sich mit einem unterlegten Stoff auch besser verarbeiten. Meist ist es möglich, beide Stofflagen zu fassen und den Faden durch beide Lagen zu ziehen.

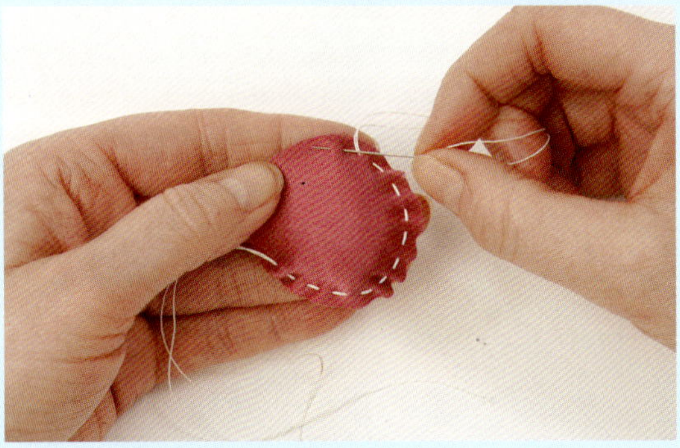

1. Die Schnittvorlage aus dem Set in der richtigen Größe ausschneiden; auf den Stoff legen und mit einem Stoffmarkierstift anzeichnen. Wenn Sie gemusterten Stoff verwenden, müssen Sie darauf achten, dass das Muster oder Motiv zentriert ist.

2. Mit einem festen Faden einen Vorstich entlang der Kante nähen. An den Enden des Fadens ziehen, um die Kante ein wenig zu kräuseln.

3. Knopf mit der Oberseite nach unten auf den Stoffkreis legen. Den Faden so festziehen, dass der Stoff auf dem Knopf fixiert wird. (Der Stoff sollte straff über die Oberseite gespannt sein und die Raffung auf der Unterseite verschwinden.) Die Fadenenden fest zusammenbinden und abschneiden. Der Knopf sollte in der Mitte des Bezugs liegen.

Die Unterseite eines überziehbaren Knopfes beziehen

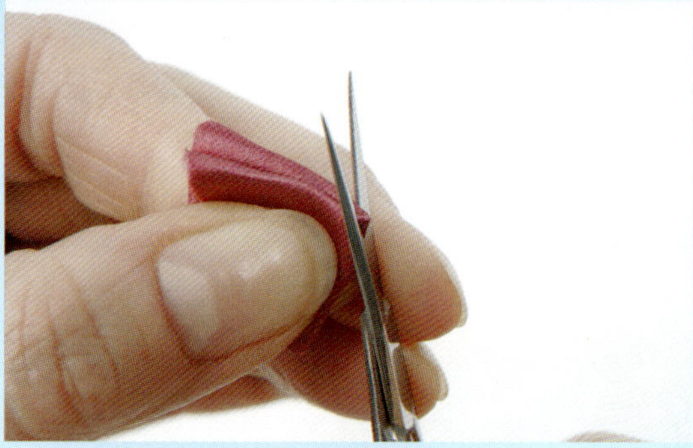

Soll der Knopf perfekt aussehen, können Sie auch die Unterseite beziehen. Falls der für die Oberseite verwendete Stoff zu dick oder fein sein sollte, nehmen Sie einen Futterstoff.

1. Schneiden Sie aus Stoff einen Kreis aus, der knapp den doppelten Durchmesser der Knopfunterseite hat. Den Kreis zweimal (längs und quer) in der Mitte falten und die so entstandene Spitze abschneiden. Die Öse sollte gerade durch das Loch passen.

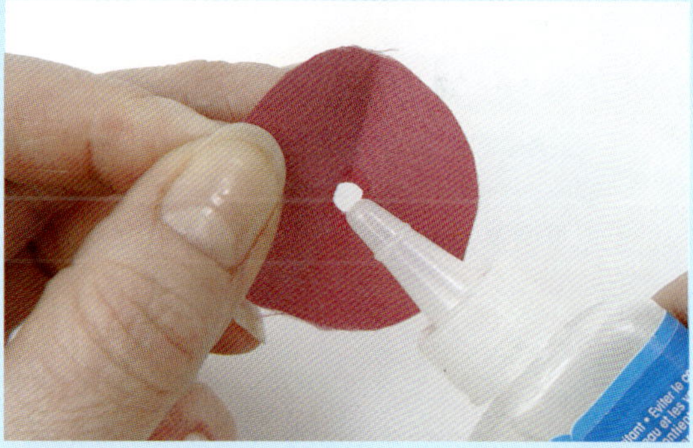

2. Bedecken Sie die Kante des Lochs mit etwas Fransenstopp. Die Außenkante, wie gegenüber bei Schritt 2, mit einem Vorstich umrunden.

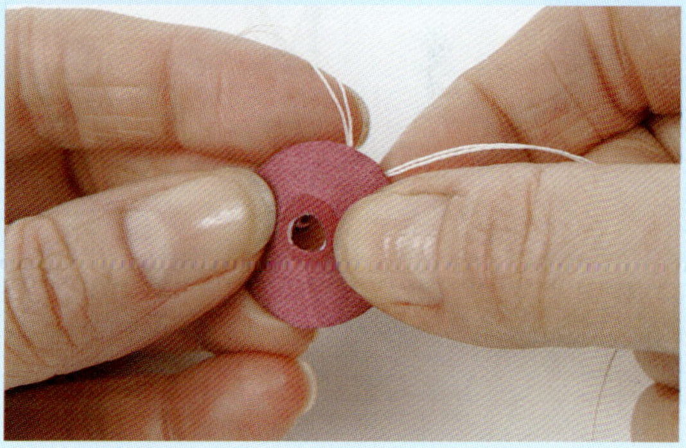

3. Die Unterseite des Knopfes in die Mitte des Kreises legen und die Fadenenden festziehen, um den Stoff auf der Innenseite der beiden Knopfteile zu raffen. Vergewissern Sie sich, dass beide Löcher ganz exakt ausgerichtet sind. Dann die Fadenenden fest zusammenbinden und abschneiden.

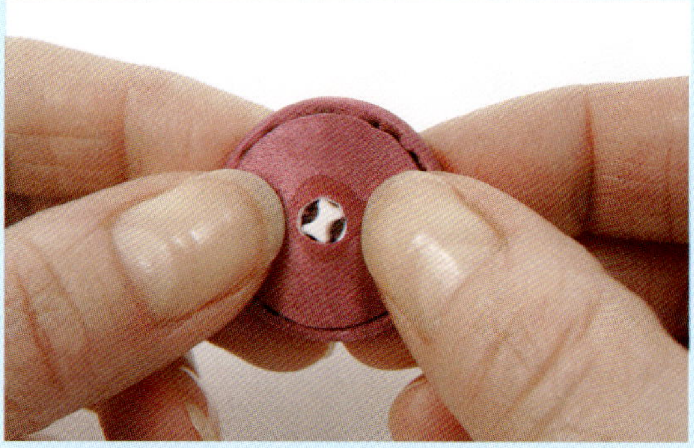

4. Zum Schluss die Öse der Oberseite in das Loch der Unterseite stecken und beide Teile fest zusammendrücken. Die Unterseite schnappt dabei ein.

Knöpfe verwenden

Knöpfe können als reine Zierde verwendet werden und vieles verschönern, von Kleidung, Accessoires über Schmuck bis hin zu Grußkarten, Scrapbooks oder anderen Papierarbeiten. Sie können einer Handarbeit eine humorvolle, naive oder eine elegante, anspruchsvolle Note verleihen – es kommt einzig auf den Knopf und die Verwendung an.

Praktische Aspekte

Manche Knöpfe aus diesem Buch halten dem Waschen ohne weiteres stand. Andere wiederum dürfen nicht gewaschen werden oder zumindest nicht oft bei hohen Temperaturen. Wenn Sie solche Knöpfe für Objekte verwenden möchten, die regelmäßig gereinigt werden, müssen Sie die Knöpfe jedes Mal entfernen. (Es gibt jedoch Methoden, mit denen dieser Vorgang erleichtert werden kann; siehe unten.) Wenn Ihnen das zu mühsam ist, nähen Sie solche Knöpfe nur auf Objekte, die selten gereinigt werden, etwa auf Mäntel, Ihre Abendgarderobe oder auf Bettüberwürfe und Kissen.

Entfernen von Knöpfen vor dem Waschen

Methode 1

Befestigen Sie einen kleinen, flachen Zweitknopf an der Unterseite des handgefertigten Knopfes (mit einer Fadenöse dazwischen, falls der handgefertigte Knopf diese nicht schon hat). Fertigen Sie ein Knopfloch am Kleidungsstück in der Größe des Zweitknopfes an. So kann der Knopf aufgeknöpft werden, um ihn zu entfernen. Wenn der Knopf als Verschluss verwendet wird, werden zwei überlappende Knopflöcher benötigt: eines auf der Knopflochseite (in der Größe des handgefertigten Knopfes) und eines auf der Knopfseite (in der Größe des Zweitknopfes). Um das Objekt zu verschließen, wird der Zweitknopf durch das kleine Loch und der handgefertigte Knopf durch das eigentliche Knopfloch geknöpft.

Methode 2

Nähen Sie die handgefertigten Knöpfe in den gewünschten Abständen an ein Stück Borte oder Band und fertigen Sie dann die entsprechenden Knopflöcher an beiden Kanten des Kleidungsstücks. Halten Sie den Streifen unter beide Lagen und knöpfen Sie durch jeweils zwei übereinander liegende Knopflöcher.

Löcher in einen handgefertigten Knopf bohren

Bohren Sie die Löcher an der gewünschten Stelle in den ersten Knopf; benutzen Sie diesen als Schablone für alle weiteren Knöpfe. Diese Art Knopf lässt sich auf herkömmliche Weise befestigen. Für etwas Abwechslung kann jedoch ein dickerer Faden (oder sogar ein Band) sorgen, mit dem Sie den Knopf befestigen. Band oder Faden wird anschließend als dekoratives Detail auf der Oberseite des Knopfes verknotet.

Handgefertigte Knöpfe sind eine hübsche und einzigartige Zierde für Gruß- und Glückwunschkarten, Einladungen und andere Papierarbeiten. Sie können angenäht, angebunden oder angeklebt werden und verleihen den Objekten eine interessante dreidimensionale Qualität.

Mit diesen nostalgisch anmutenden Knöpfen lassen sich Familienporträts in einem Scrapbook oder Familienalbum auf interessante und ungewöhnliche Weise präsentieren. Befestigen Sie daran Schildchen mit Erläuterungen oder knöpfen Sie sie an spezielle Stoffstücke oder Stofftaschen mit Erinnerungsstücken.

Handgefertigte Knöpfe sind besondere Geschenke. Geschickt präsentiert, werden Sie bestimmt viel Freude bereiten. Stellen Sie ein Set als Erinnerung an eine besondere Begebenheit (etwa eine Geburt oder Hochzeit) her. Dieses Andenken wird mit Sicherheit bestaunt werden.

Techniken und Projekte

Gestrickte Knöpfe

Strickgarn ist in einer großen Auswahl an Farben, Verzwirnungen und Strukturen erhältlich, sodass sich auch aufregende Möglichkeiten für Knöpfe ergeben. Man kann aus dem Strickgarn selbst einen Knopf formen oder mit einem Strickstück eine Knopfform beziehen.

Einen gestrickten Bommelknopf fertig stellen

Wenn Sie eine Bommel stricken, lassen Sie beim Abketten lange Fadenenden zum Annähen an die Handarbeit stehen. Bei sehr flauschigem Garn die abstehenden Fasern vorsichtig mit einer kleinen Schere abschneiden.

Nützliche Tipps

- Egal, ob Sie das angegebene Garn oder eine andere Qualität verwenden – Sie sollten zunächst immer eine Maschenprobe stricken, um die Festigkeit Ihrer Maschen zu überprüfen. Auf dieser Probe können Sie später den Maschenstich üben.
- Der Maschenstich sollte die überstickte Masche vollständig bedecken. Wählen Sie deshalb ein Garn von ähnlicher Qualität. Wenn Sie ein feineres Garn oder ein Stickgarn verwenden möchten, sollten Sie es doppelt oder sogar dreifach nehmen.
- Waschbares Garn sollte nur vorsichtig mit der Hand gewaschen werden. Testen Sie mit der Probe ein mögliches Einlaufen und die Farbechtheit.

Symbole

[ ] Die Anleitung(en) innerhalb der eckigen Klammern so oft wie angegeben wiederholen.

* * Markiert Anfang und Ende einer Abfolge. Diese bis zum Ende einer Reihe wiederholen.

Ein Motiv mit dem Maschenstich aufsticken

Der Maschenstich ist ein Stickstich, der die Form einer Strickmasche nachahmt. Mit ihm lässt sich einfach und schnell ein einfarbiges, glatt rechts gestricktes Stück so gestalten, dass es scheinbar ein Strickmuster aufweist.

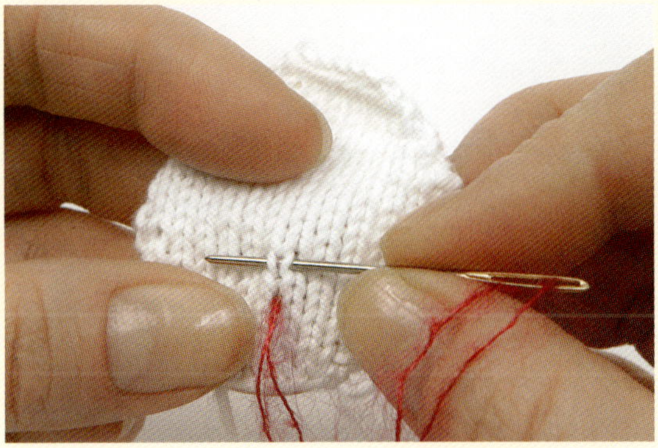

1. Garn in eine Stopfnadel einfädeln (hier wird es doppelt genommen). Nadel durch die untere Spitze der ersten Masche, die bestickt werden soll, zur Vorderseite durchstechen; dabei auf der Rückseite ein Fadenende von 10 cm hängen lassen. Die Nadel entlang der Masche nach oben führen, von rechts nach links durch die untere Spitze der darüber liegenden Masche stechen.

2. Die Nadel wieder nach unten führen und, um die Masche vollständig mit dem Garn zu bedecken, durch die untere Spitze wieder zur Rückseite durchstechen.

3. Nadel durch die untere Spitze der darüber liegenden Masche zur Vorderseite durchstechen. Schritte wiederholen, bis eine senkrechte Reihe ganz bestickt ist. Faden auf der Rückseite zwischen den Stickstichen durchführen, bis der Ausgangspunkt für eine neue Reihe erreicht ist. Dann wieder zur Vorderseite durchstechen.

Gestrickte Bommel

Aus unterschiedlichem Garn lassen sich ganz verschiedene Bommeln fertigen. Aus feinem, glattem Garn gearbeitet, können sie relativ klein ausfallen, während sie hier wegen der abstehenden Fasern sehr füllig und flauschig wirken.

Material

Garn: Franseneffektgarn in Weiß

Werkzeug

Stricknadeln

Schere

Bilden Sie eine Knotenschlaufe mit langem Fadenende. Aus dieser Schlaufe vier Maschen abwechselnd 1 Masche rechts, 1 Masche links herausstricken (4 Maschen).
Reihe 1: Aus jeder Masche 2 Maschen herausstricken (8 Maschen).
Mit einer rechten Reihe beginnend, vier Reihen glatt rechts stricken.
Reihe 6: [2 Maschen rechts zusammenstricken], bis zum Ende der Reihe wiederholen (4 Maschen).
Reihe 7: 2 Maschen links abheben, 2 Maschen links zusammenstricken, die abgehobenen Maschen überziehen. Den Faden durch die letzte Masche ziehen, dabei ein langes Fadenende stehen lassen.

Die beiden Fadenenden zu einem festen Doppelknoten zusammenbinden. Abstehende Fasern zuvor von den Fadenenden abschneiden. Die Bommel mit den Fadenenden befestigen. (Siehe auch *Einen gestrickten Bommelknopf fertig stellen*, Seite 16.)

GEGENÜBER: *Diese flauschigen Bommelknöpfe bilden den krönenden Abschluss für eine hübsche Strickjacke mit Stickereien. Der Glanz der langen weißen Garnfasern passt wunderbar zu den dekorativen weißen Perlen und Pailletten.*

Knopf mit Herzmotiv

Dieses niedliche Herzmotiv wurde mit dem Maschenstich auf ein glatt rechts gestricktes Stück aufgestickt. Dieser Stich ahmt die Struktur von Maschen nach.

Material
Garn: Cotton Glace von Rowan in Weiß; Kidsilk Haze von Rowan in dunklem Rosa
Überziehbarer Knopf: Ø 29 mm, weißer Kunststoff

Werkzeug
Stricknadeln: Stärke 2,75
Schere
Stopfnadel

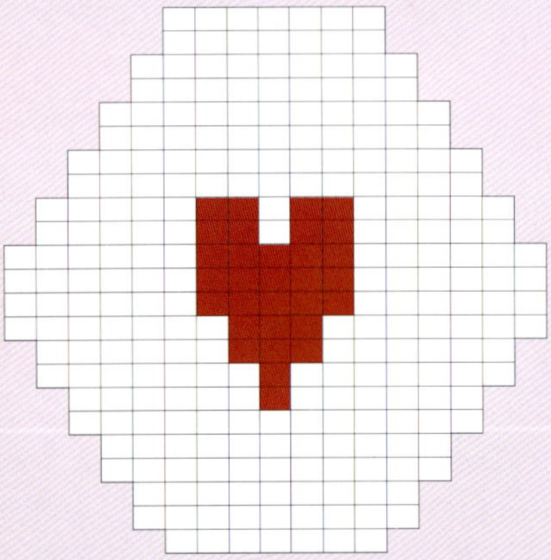

Den Untergrund stricken

Stricken Sie das ganze Stück sehr fest.

Mit dem weißen Garn 7 Maschen anschlagen.

Reihe 1: Links stricken. **Reihe 2:** Bei der ersten und letzten Masche 1 Masche zunehmen, den Rest rechts stricken (9 Maschen). Reihen 1–2 viermal wiederholen, dann Reihe 1 einmal wiederholen (17 Maschen). **Reihe 12:** Rechts stricken. **Reihe 13:** Links stricken. **Reihe 14:** 2 Maschen rechts zusammenstricken, bis auf die letzten 2 Maschen rechts stricken, 2 Maschen rechts zusammenstricken. Reihen 13–14 viermal wiederholen, dann Reihe 13 einmal wiederholen (7 Maschen). Abketten.

Das Herzmotiv aufsticken

Nach dem Zählmuster das Herzmotiv mit dem dunklen Rosa in doppelter Stärke auf den weißen Untergrund sticken. Das feine Garn doppelt verwenden, um die Maschen mit den Stickstichen ganz zu bedecken. Sticken Sie die senkrechte Reihe in der Mitte, dann die Reihen zu beiden Seiten. (Siehe *Ein Motiv mit Maschenstich aufsticken*, Seite 17.)

Die Knopfform in der üblichen Weise mit dem bestickten Strickstück beziehen. Achten Sie darauf, dass das Motiv sich nicht verzieht und in der Mitte des Knopfes sitzt. (Siehe *Überziehbare Knöpfe verwenden*, Seite 10.)

GEGENÜBER: *Sie können diese Technik einsetzen, wenn ein Knopf einem Strickstück genau gleichen soll. Hier wurde der Herzknopf aus anderen Garnen hergestellt, um einen Akzent zu erzielen. Viele einfache Motive lassen sich so leicht herstellen. Kopieren Sie dafür das Raster und verwenden Sie es, um Motive wie Spiralen, Rauten, Ovale, Kreuze und Blumen aufzusticken.*

Gehäkelte Knöpfe

Gehäkelte Knöpfe unterlagen im Lauf der Jahre wechselnden Moden. Sie werden wie Miniatur-Häkeldeckchen gearbeitet. Da sie recht dick sind, zieht man sie meist über die gesamte Knopfform. Die Stärke der Häkelnadel und des Garns sowie das Maß der Knopfform bestimmen die Größe des fertigen Knopfes. Sie erzielen die besten Ergebnisse, wenn Sie sehr fest arbeiten.

Nützliche Tipps

- Bevor Sie mit der Arbeit an einem Häkelknopf beginnen, sollten Sie einen Testknopf zur Prüfung von Spannung und Größe anfertigen. Die Anleitungen können problemlos an ein anderes Garn, eine andere Stärke der Häkelnadeln oder eine andere Spannung angepasst werden. Wenn der Testknopf nicht genau die gewünschte Größe ergibt, können Sie es mit einer anderen Knopfform, einer anderen Häkelnadel oder einem anderen Garn versuchen. Oder Sie häkeln eine Runde mehr oder weniger.
- Bei Häkelarbeiten kann es passieren, dass die Knopfform durchscheint. Sie sollten daher entweder eine attraktive Knopfform verwenden oder diese zuvor mit einem passenden Stoff beziehen. Statt der Perle können Sie beim Häkelknopf mit Perle auch eine kugelförmige Knopfform verwenden (siehe Seite 9).
- Beim irischen Rosenknopf ist das Material zu dick, um zwischen Ober- und Unterseite einer herkömmlichen Knopfform eingeklemmt zu werden. Es wird daher über den gesamten Knopf gezogen und mit zwei Abnahmerunden an der Knopfunterseite gehalten.

Abkürzungen und Symbole

[ ] Die Anleitungen innerhalb der eckigen Klammern so oft wie angegeben wiederholen.
* * Markiert Anfang und Ende einer Abfolge. Diese bis zum Ende einer Reihe wiederholen.
f M – feste Masche
Km – Kettmasche
Lftm – Luftmasche
Stb – Stäbchen
h Stb – halbes Stäbchen

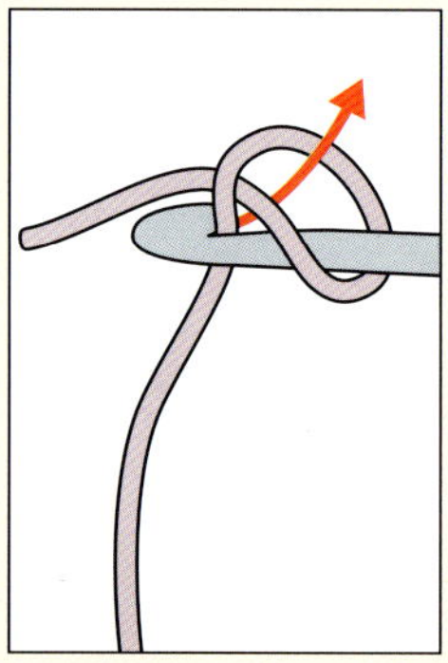

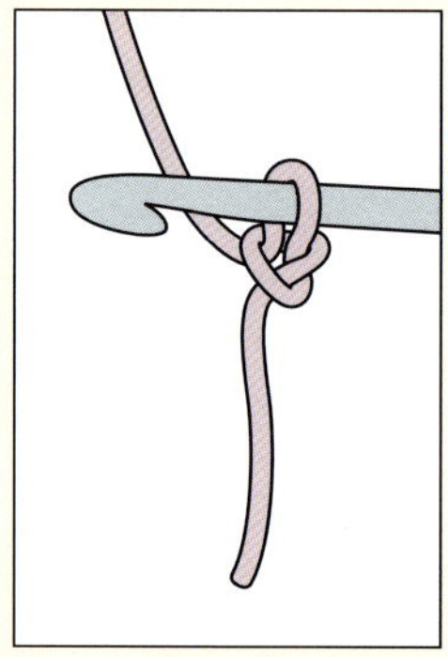

Beginnen Sie mit einer Garnschlaufe nahe dem Fadenende. Stechen Sie die Häkelnadel von hinten nach vorne durch die Schlaufe und ziehen Sie eine weitere Schlaufe hindurch (oben links). Ziehen Sie die Schlaufe fest, jedoch nicht zu fest (oben rechts).

Luftmasche (Lftm)

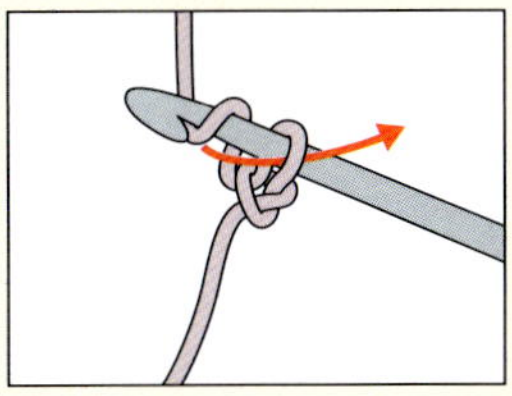

Für eine Luftmasche den Arbeitsfaden von hinten nach vorne um die Häkelnadel wickeln – genannt »den Faden um die Nadel schlagen« oder »Umschlag« – und durch die Schlaufe auf der Häkelnadel ziehen (oben). Dies ergibt eine Luftmasche.

Kettmasche (Km)

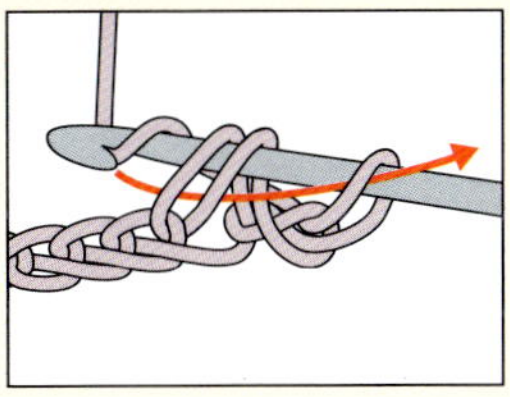

Stechen Sie die Nadel in eine Masche oder Luftmasche (die Nadel muss immer unter beiden Querfäden eingestochen werden); Faden von hinten nach vorn um die Nadel schlagen und die Nadel durch die Masche und die auf der Nadel liegende Schlaufe ziehen. So bleibt eine Schlaufe auf der Nadel übrig; dies ergibt eine Kettmasche.

Feste Masche (f M)

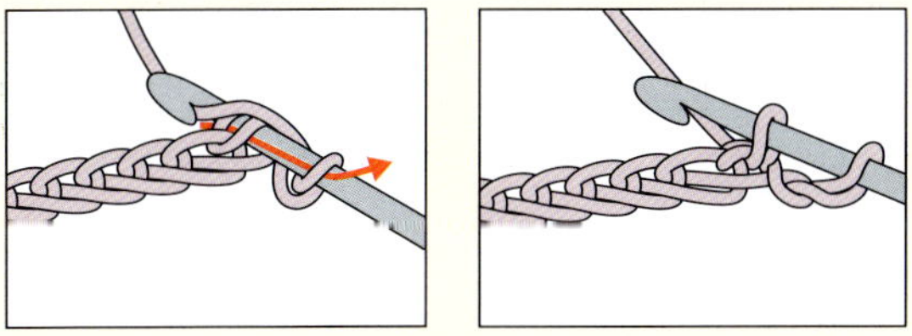

Die Häkelnadel in die zweitletzte Luftmasche einstechen, den Faden um die Nadel schlagen und durch die Masche ziehen (oben links). Den Faden um die Nadel schlagen und durch beide Schlaufen auf der Nadel ziehen (oben rechts). Es bleibt eine Schlaufe auf der Nadel übrig. Dies ergibt eine feste Masche. Bei der nächsten Masche oder Luftmasche den Vorgang wiederholen und so bis zum Ende der Reihe fortfahren. So erhält man eine Reihe fester Maschen.
Am Ende der Reihe eine Luftmasche als »Wendeluftmasche« häkeln und die Arbeit wenden. In jede Masche erneut eine feste Masche arbeiten, dabei darauf achten, dass die Nadel immer unter beiden Querfäden eingestochen wird.

Halbes Stäbchen (h Stb)

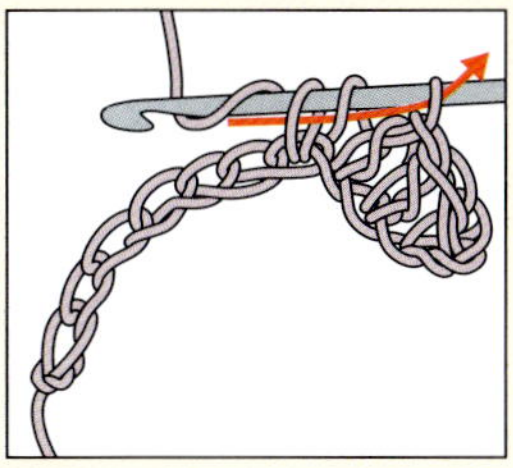

Faden um Nadel schlagen, in die drittletzte Luftmasche stechen. Faden um die Nadel schlagen, durch die Masche ziehen. Erneut den Faden um die Nadel schlagen; durch alle drei Schlaufen auf der Nadel ziehen.

Einen Ring häkeln

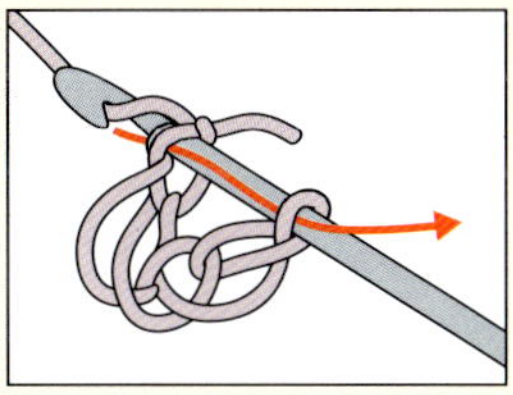

Für einen Ring einige Luftmaschen häkeln und die letzte Luftmasche mit der ersten durch eine Kettmasche verbinden (oben links).

Stäbchen (Stb)

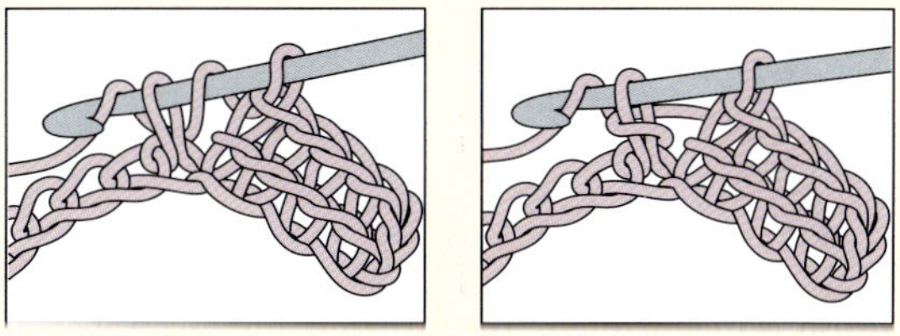

Maschen dieser Art sind noch höher. Wie bei einem halben Stäbchen zunächst den Faden um die Nadel schlagen, dann die Nadel in die viertletzte Luftmasche stechen. Den Faden um die Nadel schlagen und durch die Masche ziehen (oben links). Den Faden um die Nadel schlagen und durch die ersten beiden Schlaufen auf der Nadel ziehen. Erneut den Faden um die Nadel schlagen und durch die restlichen beiden Schlaufen ziehen (oben rechts). Nur eine Schlaufe bleibt auf der Nadel. Dies ergibt ein Stäbchen. Am Ende der Reihe drei Luftmaschen häkeln. Diese bilden die erste Masche der nächsten Reihe. Die Arbeit wenden und das erste Stäbchen der darunter liegenden Reihe überspringen. Bis zum Ende der Reihe Stäbchen arbeiten, das letzte Stäbchen in die oberste Luftmasche der drei Wendeluftmaschen häkeln.

Häkelknopf mit Perle

Im 19. Jahrhundert wurden solche Knöpfe von Prostituierten in Paris getragen. Die an der Kleidung hängenden Knöpfe schlenkerten beim Gehen hin und her und sorgten so für Aufmerksamkeit! Die Schönheit dieser Knöpfe zieht auch heute noch alle Blicke auf sich. Für die Knopfform verwendet man kleine schimmernde Perlen.

Material

Stickgarn mit Viskose in Creme

Weiße Glasperlen: Ø 8 mm, in der gewünschten Menge

Werkzeug

Häkelnadel: Stärke 1,00

Mit Garn in einfacher Stärke:

Runde 1: In die Anfangsschlaufe 5 f M arbeiten, mit einer Km verbinden. Am Fadenende ziehen, um die Mitte festzuziehen.

Runde 2: 2 Lftm (zählt als erste f M). * 2 f M in jede f M * die gesamte Runde. Nicht verbinden (10 Maschen).

Runden 3–5: * Je 1 f M in die ersten beiden f M, 2 f M in die dritte f M * die gesamte Runde (13, 17, 22 Maschen). Fadenanfang auf der Innenseite mit einhäkeln.

Runden 6–9: * f M * die gesamte Runde (jeweils 22 Maschen).

Runde 10: * Je 1 f M in die ersten beiden f M, nächste f M überspringen * die gesamte Runde. Die Perle als Knopfform hineinstecken.

Runde 11: * Je 1 f M in die ersten beiden f M, nächste f M überspringen *, bis keine Maschen mehr übrig sind.

Öse: 3 Lftm, 1 Km in die erste Lftm. Abmaschen.

GEGENÜBER: *Diese Häkelknöpfe mit Perle passen besonders gut zu einem Hochzeits- oder Taufkleid. Glänzendes und mattes Stickgarn ist in einer großen Farbauswahl erhältlich. Hier wurde die glänzende Variante verwendet.*

Knopf mit irischer Häkelrose

Die irische Häkelrose war zu Beginn des 20. Jahrhunderts beliebt, als Knöpfe meist in Heimarbeit nach Anleitungen in Frauenzeitschriften gearbeitet wurden.

Material
Baumwoll-Häkelgarn: Stärke 20 in hellem Blau
Überziehbare Knöpfe: Ø 29 mm, mit Baumwollchambray in Marineblau bezogen, in der gewünschten Menge
Werkzeug
Häkelnadel: Stärke 1,00

Runde 1: 8 Lftm, mit einer Km zum Ring schließen.
Runde 2: 5 Lftm, [1 Stb, 2 Lftm] siebenmal im Ring. 1 Km als Verbindungsmasche in die 3. Lftm der ersten 5 Lftm (8 Schlaufen).
Runde 3: 1 Lftm (zählt als erste f M). * [1 f M, 5 Stb, 1 f M] auf 2 Lftm der Vorrunde * die gesamte Runde.
Runde 4: Ohne die Arbeit zu wenden, * hinter den Blütenblättern 3 Lftm mit 1 Km zwischen zwei Blütenblättern befestigen * die gesamte Runde (8 Schlaufen).
Runde 5: 1 Km in die Schlaufe. 1 Lftm (zählt als erste f M). * [1 f M, 7 Stb, 1 f M] über Schlaufe aus 3 Lftm * die gesamte Runde.
Runde 6: * Hinter den Blütenblättern 4 Lftm, mit 1 Km zwischen zwei Blütenblättern befestigen * die gesamte Runde (8 Schlaufen).
Runde 7: 1 Km in die Schlaufe. 1 Lftm (zählt als erste f M). * [1 f M, 1 h Stb, 9 Stb, 1 h Stb, 1 f M] über Schlaufe aus 4 Lftm * die gesamte Runde.
Runde 8: * Hinter Blüten 5 Lftm mit 1 Km zwischen zwei Blütenblättern befestigen * gesamte Runde (8 Schlaufen).
Runde 9: 1 Km in die Schlaufe. 2 Lftm (zählt als erstes Stb). * 7 Stb in jede Schlaufe * die gesamte Runde. Schließen.
Runde 10: 2 Lftm (zählt als erstes Stb). * 1 Stb * die gesamte Runde. Schließen. Knopfform hineinstecken.
Runden 11–12: * 1 f M in jede 2. Masche * die gesamte Runde. Abmaschen.
Die bezogene Knopfform wird bei Runde 10 hineingesteckt. Runden 11–12 schließen die Häkelarbeit um den Knopf. (Siehe auch *Überziehbare Knöpfe verwenden*, Seite 10)

GEGENÜBER: *Diese Knöpfe mit irischem Rosenmuster haben einen schlichten Charme. Mit Seidenstoff und -garn gearbeitet, fallen sie etwas edler aus. Für größere Knöpfe einfach weitere Runden hinzufügen.*

Wollknöpfe

Sowohl gesponnene als auch ungesponnene Wolle (Vlies) eignet sich zur Herstellung von Knöpfen. Man kann aus dem Wollmaterial selbst einen Knopf formen oder es um eine Knopfform wickeln oder weben. Auf Strickwaren oder Wollstoffen sehen solche Knöpfe natürlich besonders gut aus.

Einen Filzkugelknopf herstellen

Filzknöpfe lassen sich leicht aus Wollvlies herstellen. Wenn Sie mehrere anfertigen möchten, teilen Sie das Wollvlies zunächst in gleiche Teile auf.

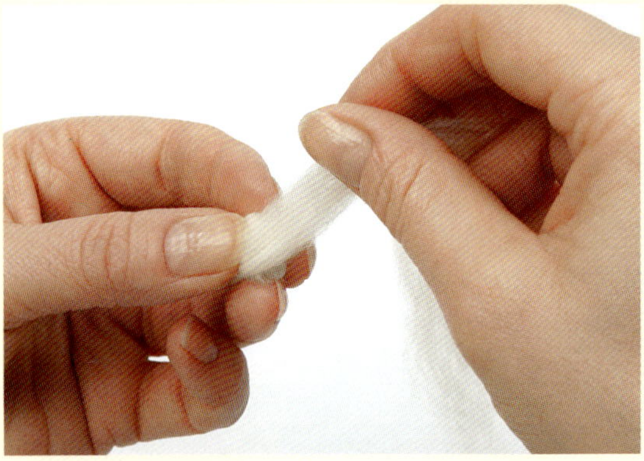

1. Binden Sie einen Knoten in das Ende eines Wollfaserstranges und wickeln Sie um diesen Knoten weiteres Wollvlies zu einer festen, gleichmäßigen Kugel. Die Kugel sollte mindestens doppelt so groß wie die gewünschte Größe sein, da sie noch erheblich schrumpfen wird.

2. Eine Schüssel mit heißem Wasser füllen und reichlich Seifenflocken darin auflösen (Seife hilft beim Verfilzen der Wollfasern). Die Kugel mit einem Löffel in das Seifenwasser tauchen und wieder herausnehmen, dann zusammendrücken, damit das Wasser vollständig eindringen kann. Die Kugel erneut eintauchen und zusammendrücken.

3. Die Kugel in den Händen hin und her rollen, zuerst sehr vorsichtig; sobald sich die Fasern langsam verfilzen, mit zunehmendem Druck. Eintauchen, Kneten und Rollen so lange fortsetzen, bis die Kugel die gewünschte Größe hat. Seife ausspülen und die Kugel auf ein Papiertuch zum Trocknen legen, dabei regelmäßig wenden. Platziert man die Kugel in der Nähe eines Heizkörpers, kann die Trocknung beschleunigt werden.

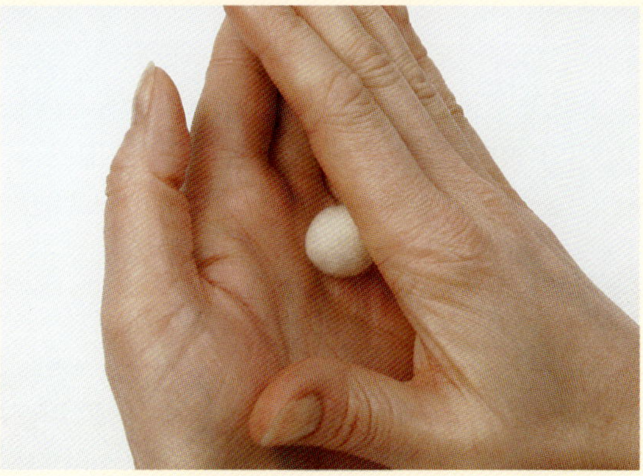

Prüfen Sie, ob die Fasern vollständig verfilzt sind. Der Knopf ist so viel haltbarer und bildet die beste Grundlage für weitere Dekorationen. Sie können dies am besten prüfen, indem Sie die Kugel mit Schwung auf eine Tischplatte werfen. Vollständig verfilzte Kugeln springen hoch.

Die Filzknöpfe werden befestigt, indem der untere Teil der Kugel an dem Objekt festgenäht wird.

Einen Pompon-Knopf herstellen

Pompons können aus jeder Art von Garn hergestellt werden. Bei dickerem Garn geht die Wickelprozedur schneller vonstatten. Schneiden Sie zwei runde Scheiben mit 4 cm Durchmesser aus dünnem Karton aus. Mit einer kleinen Schere in der Mitte der beiden Scheiben ein Loch von 1,5 cm Durchmesser ausschneiden.

1. Beide Scheiben übereinander gelegt halten, ein Fadenende zwischen den Fingern festhalten. Das andere Fadenende durch das Loch in der Mitte ziehen und um die Scheiben wickeln. In dieser Weise fortfahren, bis die Scheiben gleichmäßig mit Garn bedeckt sind. Sie können dabei auch mehrere Farben verwenden.

2. Die Scheiben in der Mitte gut festhalten und mit der Spitze einer kleinen, scharfen Schere vorsichtig das Garn zwischen den beiden Scheiben rundum auftrennen. Mit der Schere am Rand des Pompons entlangschneiden, dabei die Schneidefläche zwischen den Scheiben führen und die Garnfäden durchschneiden.

3. Einen längeren Faden vom Knäuel abschneiden, doppelt nehmen und eine Schlaufe bilden. Beide Scheiben vorsichtig etwas auseinander schieben, mit der Schlaufe die Mitte des Pompons fest zubinden und die Scheiben herausziehen. Herausstehende Fäden zurechtschneiden (die Fadenenden der Schlaufe jedoch lang belassen, da man mit ihnen den Pompon an der Kleidung oder dem Objekt befestigen kann).

Nützlicher Tipp

- Wenn Sie ein anderes Garn mit abweichender Stärke verwenden, sollten Sie zunächst am besten einen Probe-Pompon anfertigen. Damit dieser bequem durch das Knopfloch passt, sollte er nicht zu fest sein. Notieren Sie sich bei dem ersten Pompon die Fadenlänge, sodass die nächsten identisch oder durch Verlängern oder Verkürzen der Fadenlänge ähnlich dicht ausfallen. Auf diese Weise können Sie eine Reihe gleichartiger Pompons herstellen.

Einen Wickelknopf aus Garn herstellen

Diese Art Knopf wird aus einem Knopfrohling aus durchsichtigem Kunststoff gefertigt. In zwei Sticknadeln mit stumpfer Spitze jeweils ein andersfarbiges Garn einfädeln (die Länge großzügig bemessen, um keinen neuen Faden ansetzen zu müssen). Die beiden Farben werden abwechselnd eingesetzt.

1. Mit dem ersten Faden, ausgehend von der äußeren Öffnung, zunächst nur den äußeren Ring der Knopfform umwickeln: Nadel von hinten nach vorn durch die Öffnung stechen, dabei das Fadenende hinter der Knopfform festhalten und bei weiteren Umwicklungen zur Sicherung mit einarbeiten. Garn nach hinten überschlagen und wieder durch die Öffnung ziehen; Umwickelung dabei exakt neben die letzte schieben. Vier Umwickelungen arbeiten, auf der Rückseite enden, Garn aber nicht abschneiden.

2. Das zweite Garn wird um die gesamte Knopfform gewickelt: Die Nadel von hinten durch das Loch in der Mitte nach vorne stechen und zwei Umwickelungen arbeiten. Wieder die Nadel mit dem ersten Garn aufnehmen und nach vorne durchziehen, dabei mit dem zweiten Garn verkreuzen.

3. Erneut vier Umwickelungen in der ersten Farbe arbeiten, dann zwei in der zweiten Farbe. Die gesamte Knopfform auf diese Art umrunden, dabei darauf achten, dass die Umwickelungen gleichmäßig, fest sowie nebeneinander ausgerichtet sind. Zum Schluss die Fadenenden auf der Rückseite vernähen.

Filzkugelknopf

Die Herstellung von Filzkugelknöpfen geht sehr schnell und macht viel Freude. Bei diesen Knöpfen wurde der fröhliche Effekt durch winzige pastellfarbene Pailletten und Perlen noch verstärkt.

Material

- Kleine Menge Wollvlies in Creme
- Blumenförmige Pailletten in Pastelltönen
- Rocailles in Rosatönen
- Perlenfaden, weiß
- Seifenflocken
- Papierhandtücher

Werkzeug

- Behälter mit heißem Wasser und Löffel
- Perlennadel

GEGENÜBER: *Statt mit Pailletten können Filzkugelknöpfe auch mit Stoffmalstiften verziert werden. Oder umwickeln Sie für einen marmorierten Effekt die Kugel mit verschiedenfarbigen Wollvlies-schichten.*

1. Binden Sie einen Knoten in das Ende eines Wollfaserstranges und wickeln Sie um diesen Knoten weiteres Wollvlies zu einer festen, gleichmäßigen Kugel. Die Kugel sollte mindestens doppelt so groß wie die gewünschte Größe sein, da sie noch erheblich schrumpfen wird.

2. Eine Schüssel mit heißem Wasser füllen und reichlich Seifenflocken darin auflösen (Seife hilft beim Verfilzen der Wollfasern). Die Kugel mit einem Löffel in das Seifenwasser tauchen und wieder herausnehmen; dann pressen, damit das Wasser vollständig eindringen kann. Die Kugel erneut eintauchen und zusammendrücken.

3. Die Kugel zwischen den Handflächen hin und her rollen, zuerst sehr vorsichtig; sobald sich die Fasern langsam verfilzen, mit zunehmendem Druck. Das Eintauchen, Kneten und Rollen so lange fortsetzen, bis die Kugel die gewünschte Größe hat. Die Seife ausspülen und die Kugel auf ein Papierhandtuch zum Trocknen legen, dabei regelmäßig wenden. Platziert man die Kugel in der Nähe eines Heizkörpers, kann der Trocknungsprozess beschleunigt werden.

4. In eine Perlennadel ein langes Stück Perlenfaden einfädeln und verknoten. Von der späteren Unterseite des Knopfes aus die Nadel bis zur oberen Mitte der Kugel durchstechen. Nadel durch eine Paillette und eine Perle führen. Die Nadel erneut durch die Paillette führen, sodass die Perle festsitzt. Die Nadel so durch die Kugel stechen, dass sie an der Stelle wieder hervortritt, an der die nächste Paillette befestigt werden soll. In dieser Weise fortfahren, die Unterseite jedoch frei lassen. (Siehe auch *Einen Filzkugelknopf herstellen*, Seite 28.)

Pompon-Knopf

Pompons sind ein lustiger Verschluss für Kinderkleidung. Um ein perfektes Ergebnis zu erzielen, nehmen Sie ein farblich zur Kleidung passendes Garn. Eine kontrastierende Farbe ist dafür ideal.

Material
Vierfach verzwirntes Multicolor-Garn

Werkzeug
Dünner Karton: 2 runde Scheiben mit Ø 4 cm, in der Mitte jeweils mit einem Loch mit Ø 1,5 cm
Kleine, scharfe Schere

1. Für jeden Pompon einen Faden von ca. 10 m Länge schneiden. Wenn Sie mehrere Pompons anfertigen möchten, ist es wichtig, immer dieselbe Länge zu verwenden, damit die Pompons gleich ausfallen.

2. Die beiden Kartonscheiben übereinander gelegt halten, ein Fadenende zwischen den Fingern festhalten. Das andere Fadenende durch das Loch in der Mitte ziehen und um die Scheiben wickeln. In dieser Weise fortfahren, bis die Scheiben gleichmäßig mit Garn bedeckt sind. Sie können dabei auch mehrere Farben verwenden.

3. Die Scheiben in der Mitte gut festhalten und mit der Spitze einer kleinen, scharfen Schere vorsichtig das Garn zwischen den beiden Scheiben rundherum auftrennen. Mit der Schere am Rand des Pompons entlangschneiden, dabei die Schneidefläche zwischen den Scheiben führen und die Garnfäden durchschneiden.

4. Ein neues, langes Fadenstück vom Knäuel abschneiden, doppelt nehmen und eine Schlaufe formen. Beide Scheiben vorsichtig etwas auseinander schieben, mit der Schlaufe die Mitte des Pompons fest zubinden und die Scheiben herausziehen. Herausstehende Fäden zurechtschneiden (die Fadenenden der Schlaufe jedoch lang belassen, da man mit ihnen den Pompon befestigen kann). (Siehe auch *Einen Pompon-Knopf herstellen*, Seiten 29–30.)

GEGENÜBER: *Diese lustigen Pompons passen perfekt zu der gestreiften Strickerei. Durch Variation der Scheibengröße können unterschiedlich große Pompons hergestellt werden. Mehr Umwickelungen ergeben dichtere Pompons. Sie sollten jedoch nicht zu dicht ausfallen, da sie sonst nicht mehr durch ein Knopfloch passen.*

Wickelknopf

Diese an ein Wagenrad erinnernden Knöpfe passen besonders gut zu Strick- oder Wollkleidung. Das Garn kann auf unterschiedliche Weise um die im Handel erhältlichen Knopfformen gewickelt werden; so werden immer wieder neue Muster erzielt. Probieren Sie auch andere Farben und Garnqualitäten aus.

Material

Wollstickgarn in dezentem Grün und Blau

Werkzeug

Knopfrohlinge aus Kunststoff (Creativ Knopf): Ø 22 mm, in der gewünschten Menge

2 Sticknadeln mit stumpfer Spitze

Schere

1. In die Sticknadeln mit stumpfer Spitze je einen Faden der beiden Garnfarben einfädeln (die Länge großzügig bemessen, um keinen neuen Faden ansetzen zu müssen). Die beiden Farben abwechselnd einsetzen.

2. Mit dem grünen Garn ausgehend von der äußeren Öffnung zunächst nur den äußeren Ring der Knopfform umwickeln: Die Nadel von hinten nach vorne durch die Öffnung stechen, dabei das Fadenende hinter dem Knopf festhalten und bei weiteren Umwickelungen zur Sicherung mit einarbeiten. Das Garn nach hinten überschlagen und wieder durch die Öffnung ziehen, die Umwickelung dabei exakt neben die letzte schieben. Auf diese Weise vier Umwickelungen arbeiten, auf der Rückseite enden, das Garn jedoch nicht abschneiden.

3. Das blaue Garn wird um die gesamte Knopfform gewickelt. Die Nadel von hinten durch das Loch in der Mitte nach vorne stechen und zwei Umwickelungen arbeiten. Wieder die Nadel mit dem grünen Garn aufnehmen und nach vorne durchziehen, dabei mit dem blauen Garn verkreuzen.

4. Erneut vier Umwickelungen in Grün arbeiten, dann zwei in Blau. Die gesamte Knopfform umrunden, dabei darauf achten, dass die Umwickelungen gleichmäßig, fest sowie nebeneinander ausgerichtet sind. Zum Schluss die Fadenenden auf der Rückseite vernähen. (Siehe auch *Einen Wickelknopf aus Garn herstellen*, Seite 31.)

GEGENÜBER: *Die dezenten Farben dieser Wickelknöpfe harmonieren sehr gut mit dem Schottenkaro, auf dem sie befestigt sind. Um einen Akzent zu setzen, wurden die Farben auch vertauscht. Wollstickgarn ist in einer schönen Farbpalette erhältlich. Sie können aber auch ein vierfach verzwirntes Wollgarn nehmen.*

Perlenknöpfe

Es gibt ein riesiges Angebot an Perlen in allen Größen, Formen und Farben. Als Zierde für Knöpfe sind die kleinen Größen besonders geeignet. Die Wirkung des fertigen Knopfes hängt sehr stark von den verwendeten Perlen ab.

Einen Knebel mit Perlen herstellen

Dieser Knebel wird mit einem Perlenfaden umwickelt. Für eine saubere Verarbeitung sollte der Faden möglichst gleichmäßig gewickelt und das Muster durch die zur Befestigung verwendete Ösenschraube nicht unterbrochen werden.

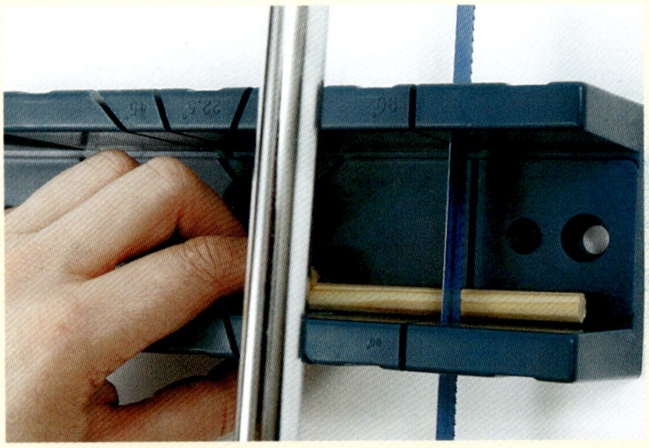

1. Schneiden Sie einen Holzdübel mit einer Säge in einer Gehrungsschneidlade auf die benötigte Länge – etwa 3,5 cm – zurecht. Die Enden glatt schleifen und das Holzstück anmalen (Acryl-Sprühlack verwenden, dabei die Angaben des Herstellers beachten!).

2. Die Mitte markieren und an der Stelle ein kleines Loch vorbohren, die Ösenschraube dort eindrehen. An beiden Seiten jeweils mittig ein Loch vorbohren und dort jeweils einen gewölbten Polsternagel eindrücken.

3. Perlengarn in eine Perlennadel einfädeln (nicht von der Rolle abschneiden) und die Perlen auffädeln.

4. Drei verschiedene Perlenfarben im Wechsel verwenden, dabei die Nadel als Maß benutzen, d. h. die Farbe wechseln, wenn eine Nadellänge vollständig mit Perlen bedeckt ist. Die Farbfolge fortsetzen, bis der Perlenfaden etwa 70 cm lang ist.

5. Das Ende des Perlenfadens, das durch die Nadel gefädelt wurde, am Polsternagel festbinden und etwas Sekundenkleber an dieser Seite des Holzstückes verteilen. Nun den Perlenfaden um das Holzstück wickeln, dabei darauf achten, dass die Umwickelung mit der Kante des Polsternagels abschließt.

6. Den Perlenfaden nun um das Holzstück wickeln, dabei schrittweise neuen Sekundenkleber auftragen. Auf der Höhe der Ösenschraube die Perlen so auseinander drücken, dass sie darum herum passen. Am anderen Ende angelangt, wieder darauf achten, dass der Perlenfaden mit dem Polsternagel abschließt. Nun den Faden um den Nagel wickeln und verknoten. Den restlichen Faden abschneiden.

Einen perlenbesetzten Knopf herstellen

Diese Perlenknöpfe werden mit einem überziehbaren Knopf gearbeitet, der mit einem Seidenstoff bezogen wurde. Für die erste Perlenstickerei wird der Stoff zunächst in einen Stickrahmen gespannt. Nach dem Beziehen des Knopfes werden noch weitere Perlen hinzugefügt.

1. Den Stoff in einen kleinen Stickrahmen einspannen. Die Schnittvorlage auf den Stoff legen und mit einem Stoffmarkierstift anzeichnen. Da auf das Stoffstück mehrere solcher Kreise passen, können mehrere Knöpfe gleichzeitig gearbeitet werden.

Einen Perlenfaden in eine Perlennadel einfädeln und verknoten. Die Nadel von unten durch die Mitte eines der eingezeichneten Kreise stechen und mit der Nadel eine Perle aufnehmen. Die Nadel nahe der Durchstichstelle wieder nach unten führen.

2. Die Nadel neben der Perle erneut durch den Stoff nach oben stechen und sieben Perlen aufnehmen. Die Nadel an derselben Stelle wieder nach unten führen und vorsichtig ziehen, damit sich eine Perlenschlaufe bildet.

Nützliche Tipps

- Niemals eine normale Nähnadel für das Perlenfädeln verwenden, denn die Perlen zerbrechen leicht bei dem Versuch, die Nadel hindurchzuzwängen.
- Zum Auffädeln immer einen Perlenfaden nehmen. Er ist sehr fest, aber flach und lässt sich besser in eine feine Perlennadel einfädeln.

3. Die Perlenschlaufe um die Perle in der Mitte herum legen. Die Nadel sehr nah an der inneren Schlaufenseite nach oben stechen und über die Schlaufe führen; wieder nach unten stechen und festziehen, sodass der Faden zwischen zwei Perlen rutscht und die Schlaufe sichert. Diesen Vorgang bei jeder zweiten Perle wiederholen, um die gesamte Schlaufe zu befestigen.

In dieser Weise eine weitere Schlaufe arbeiten, diesmal jedoch mit 14 Perlen, um eine größere Perlenschlaufe um die erste herum zu bilden. Den Faden auf der Rückseite sichern. Den Knopf nach der Anleitung *Überziehbare Knöpfe verwenden* auf Seite 10 beziehen. Ein langes Fadenende vom Perlenfaden übrig lassen und darauf achten, dass dieser beim Zusammenstecken des Knopfes zwischen der Ober- und Unterseite eingeklemmt wird.

4. Das lange Fadenende in eine Perlennadel einfädeln und mit einem kleinen Stich durch den Stoff am Knopfrand herausführen. Eine Perle aufnehmen und mit einem kleinen Rückstich am Stoff befestigen. Dann die Nadel ein Stück weiter am Knopfrand erneut herausführen und wieder eine Perle aufnehmen.

In dieser Weise fortfahren, bis ein Ring aus gleichmäßig verteilten Perlen am Knopfrand entstanden ist. Den Faden nahe der Knopfunterseite am Stoff sichern.

Nützliche Tipps

- Alle Perlen haben eine Nummer, die Aufschluss über ihre Größe gibt. Je größer die Nummer, desto kleiner die Perle: Größe 6 ist also relativ groß, Größe 12 ist winzig.
- Nicht alle Perlen sind waschbar. Es ist besser, die Perlenknöpfe vor dem Waschen zu entfernen.

Perlenknebel

Metallicperlen in unterschiedlichen Farbnuancen verleihen diesen Knebelknöpfen ein edles Aussehen, das über die einfachen Materialien und Techniken hinwegtäuscht.

Material

- Holzdübel: Ø 9 mm, pro Knebel 3,5 cm lang
- Acryl-Sprühlack, matt, in Schwarz
- Polsternägel, bronziert: 13 mm, 2 Stück pro Knebel
- Ösenschraube: Ø 5 mm, 1 Stück pro Knebel
- Perlenfaden
- Glasperlen: 2-Cut-Perlen, Größe 15 (Ø ca. 1,5 mm), in Zinn, Bronze hell und dunkel
- Sekundenkleber

Werkzeug

- Säge und Gehrungsschneidlade, Schleifpapier
- Lineal, Bleistift und Schere
- Multifunktionswerkzeug (Dremel) mit HSS-Stahlbohrer, 1 mm
- Perlennadel

1. Schneiden Sie für jeden Knebel einen Holzdübel mit einer Säge in einer Gehrungsschneidlade auf eine Länge von etwa 3,5 cm zurecht. Die Enden glatt schleifen und das Holzstück schwarz anmalen.

2. Mit dem Multifunktionswerkzeug kleine Löcher an jeder Seite und in die Mitte des Holzstückes bohren. Eine Ösenschraube in das Loch in der Mitte eindrehen und die Polsternägel in die Löcher an den Seiten drücken.

3. Perlengarn in eine Perlennadel einfädeln (nicht von der Rolle abschneiden). Perlen auffädeln. Mit der Nadel als Maß zunächst eine Nadellänge zinnfarbene Perlen aufziehen, gefolgt von Bronze hell und Bronze dunkel. Diese Farbabfolge fortsetzen, bis der Faden etwa 70 cm lang ist.

4. Das Ende des Perlenfadens, das durch die Nadel gefädelt wurde, am Polsternagel festbinden und etwas Sekundenkleber an dieser Seite des Holzstücks verteilen. Nun den Perlenfaden um das Holzstück wickeln; darauf achten, dass die Umwickelung mit der Polsternagelkante abschließt.

5. Perlenfaden um das Holz wickeln, schrittweise Sekundenkleber auftragen. Auf Höhe der Ösenschraube die Perlen so auseinander drücken, dass sie darum passen. Am anderen Ende angelangt, wieder darauf achten, dass der Faden mit dem Polsternagel abschließt. Faden um den Nagel wickeln und verknoten. Restlichen Faden abschneiden. (Siehe auch *Einen Knebel mit Perlen herstellen*, Seiten 38–39.)

GEGENÜBER: *Perlen mit einer flachen Seite sind für diese Technik ideal, da sie sich besser ausrichten lassen. Lackieren Sie, falls nötig, die Polsternägel passend zur Farbe der Perlen.*

Perlenknopf

Diese hübschen, reich mit Perlen verzierten Knöpfe sind zierlich genug, um sie eng nebeneinander auf ein Hochzeitskleid setzen zu können. Ganz anders wirken sie in edlem Schwarz für den Abend. In leuchtenden Farben erscheinen sie lustig und modern.

Material

- Dupionseide in Creme
- Perlenfaden in Weiß
- Rocailles: Größe 10 (Ø ca. 2,3 mm)
- Überziehbare Knöpfe: Ø 11 mm, in der gewünschten Menge

Werkzeug

- Kleiner Stickrahmen
- Stoffmarkierstift
- Perlennadel
- Kleine, scharfe Schere

GEGENÜBER: *Die fertigen Knöpfe. Für größere Knöpfe eine größere Knopfform verwenden und zusätzliche Perlenschlaufen mit mehr Perlen arbeiten.*

1. Den Stoff in den Stickrahmen einspannen. Die Schnittvorlage auf den Stoff legen und mit einem Stoffmarkierstift mehrere Kreise zeichnen. Den Perlenfaden in die Perlennadel einfädeln und verknoten. Die Nadel von unten durch die Mitte eines Kreises stechen und eine Perle aufnehmen. Die Nadel nahe der Durchstichstelle wieder nach unten stechen. Die Nadel neben der Perle durch den Stoff nach oben stechen und sieben Perlen aufnehmen, dann an derselben Stelle nach unten stechen und vorsichtig ziehen, damit sich eine Perlenschlaufe bildet. Die Schlaufe um die Perle in der Mitte legen. Die Nadel direkt durch die Schlaufe nach oben stechen und über die Schlaufe führen. Wieder nach unten stechen und festziehen, sodass der Faden zwischen zwei Perlen rutscht und die Schlaufe sichert. Dies bei jeder zweiten Perle wiederholen, um so die gesamte Schlaufe zu befestigen.

2. Den ersten Schritt mit 14 Perlen wiederholen, um eine zweite Schlaufe um die erste zu legen. Ein langes Fadenende übrig lassen, das zwischen Ober- und Unterseite des Knopfes eingeklemmt werden soll. Den Knopf zusammensetzen. Das Fadenende in eine Perlennadel einfädeln und mit einem kleinen Stich am Knopfrand herausführen. Eine Perle aufnehmen und mit einem kleinen Rückstich am Stoff befestigen. Dann die Nadel mit einem kleinen Abstand zur Perle erneut herausführen und wieder eine Perle aufnehmen. So fortfahren, bis ein Ring aus gleichmäßig verteilten Perlen am Knopfrand entstanden ist. Den Faden sichern. (Siehe auch *Einen perlenbesetzten Knopf herstellen*, Seiten 40–41.)

Bestickte Knöpfe

Mit einfachen Hand- oder Maschinenstickereien kann man eine Vielzahl von Knöpfen mit interessanten Oberflächen herstellen.

Ein Gänseblümchen mit der Hand sticken

Ein Gänseblümchen wird mit kreisförmig angeordneten, einzelnen Kettstichen (Margeritenstich) gearbeitet. Größe und Anzahl der Blütenblätter kann der jeweiligen Knopfform angepasst werden.

1. Den Stoff in einen kleinen Stickrahmen einspannen. Wie bei Schritt 1 auf Seite 40 mit der Schnittvorlage auf dem Stoff mehrere Kreise anzeichnen. Stickgarn in eine Nadel einfädeln und verknoten. Die Nadel in der Mitte eines Kreises durch den Stoff nach oben stechen. Nahe der Ausstichstelle die Nadel wieder nach unten führen, dabei eine kleine Schlaufe auf der Oberfläche lassen. Um das erste Blütenblatt zu bilden, die Nadel dicht daran wieder durch den Stoff und die Schlaufe nach oben stechen. Vorsichtig an der Schlaufe ziehen, um sie zu spannen, und anschließend mit einem kleinen Überfangstich sichern. Die Nadel erneut in der Mitte hervorholen, und den Vorgang wiederholen, bis die gewünschte Anzahl von Blütenblättern erreicht ist. Den Faden an der Rückseite sichern und abschneiden.

2. Für einen Knötchenstich als Mittelpunkt des Gänseblümchens Stickgarn in eine Nadel einfädeln und die Nadel durch die Mitte der Blume nach oben stechen. Das Garn einige Male um die nahe der Ausstichstelle gehaltene Nadelspitze wickeln und straff ziehen.

3. Die Nadel dicht neben der Ausstichstelle wieder einstechen und den Faden anziehen. Dabei entsteht ein kleiner Knoten auf der Oberfläche. Den Faden auf der Rückseite sichern und abschneiden.

Eine Initiale von Hand sticken

Bei dieser Technik wird Nitroverdünner eingesetzt, um einen fotokopierten Buchstaben auf Stoff zu übertragen. Den Buchstaben auf der Fotokopie so umkehren, dass er seitenverkehrt dargestellt wird. Der Buchstabe wird dann mit verschiedenen Stickstichen nachgestickt.

1. Zum Übertragen des Buchstabens auf den Stoff ein Wattestäbchen in den Nitroverdünner tauchen und über die Rückseite des Papiers mit dem Buchstaben wischen, sodass die Tinte angelöst wird und der Buchstabe durch das Papier hindurch sichtbar wird. (Die Herstellerangaben beachten und Hautkontakt vermeiden!)

2. Den Buchstaben zum Übertragen mit der Vorderseite nach unten an der gewünschten Stelle auf den Stoff legen. Mit der gewölbten Seite eines Metalllöffels fest über die Rückseite des Papiers reiben, dabei das Papier gut festhalten, um ein Verrutschen des Buchstabens oder ein Verschmieren der Farbe zu vermeiden. Papier vorsichtig entfernen.

3. Den Stoff in einen kleinen Stickrahmen spannen. Stickgarn in eine Nadel einfädeln und verknoten. Mit einem kleinen Rückstich die äußeren Konturen des Buchstabens nachsticken. Beim fertigen Buchstaben bleibt der Rückstich an den schmalen Stellen sichtbar.

4. An den breiteren Stellen den Raum zwischen den beiden Rückstichlinien mit einem Plattstich füllen, dabei jeden Stich direkt neben den äußeren Kanten des Rückstiches beginnen und enden lassen. Für ein optimales Ergebnis die Stiche exakt nebeneinander setzen und den Faden glatt aufliegen lassen. Hier wurde zum Schluss noch ein Knötchenstich in die Mitte gesetzt. Siehe dafür die Anleitung *Ein Gänseblümchen mit der Hand sticken* auf Seite 47. Den Faden auf der Rückseite sichern und abschneiden.

Kreise mit der Maschine sticken

Um sicherzugehen, dass die Maschinenstickerei nur die Oberseite des Knopfes bedeckt, nehmen Sie das obere Teil des Knopfes als Schablone. So lässt sich der Stoff noch zwischen den Knopfteilen einklemmen.

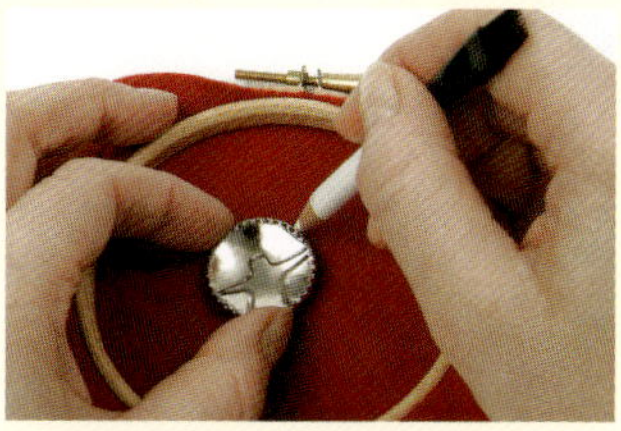

1. Stoff in einen kleinen Stickrahmen spannen. Um die zu bestickende Fläche zu ermitteln, die Oberseite des zu überziehenden Knopfes auf den Stoff legen und mit Stoffmarkierstift anzeichnen.

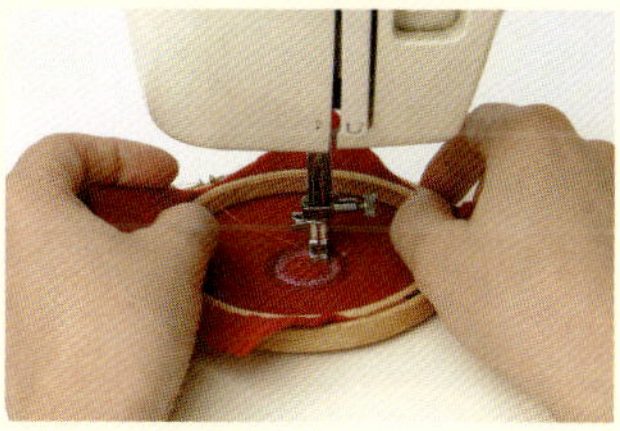

2. Die Nähmaschine für Freihandstickerei einstellen und innerhalb der markierten Fläche ineinander angeordnete Kreise sticken, dabei nach Anleitung die Farben wechseln.

Ein ausgestanztes Motiv mit der Maschine besticken

Mit Stanzen kann man gut Formen aus nicht fransendem Material wie Filz oder Leder ausschneiden. Wenn Sie einen feinen oder dehnbaren Stoff verwenden, unterlegen Sie ihn mit einer weiteren Stoffschicht aus festem Material, etwa leichter Baumwolle. Beide Stoffe gemeinsam in den Stickrahmen einspannen.

1. Auf einer Schneidematte aus einem Stoffstück mit Stanze und Hammer eine Form ausstanzen.

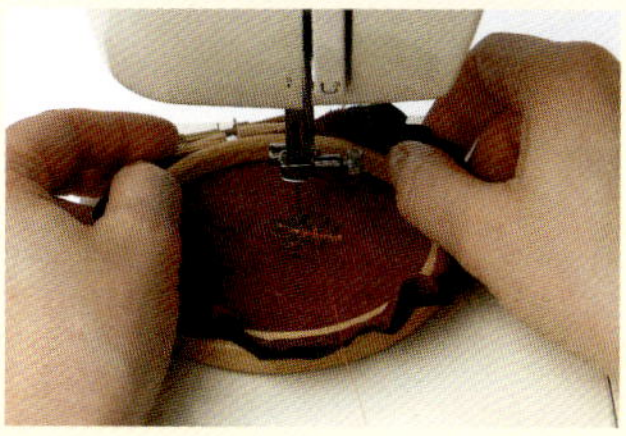

2. Motiv auf dem Stoff positionieren und mit der auf Freihandstickerei eingestellten Nähmaschine besticken.

Knopf mit gesticktem Gänseblümchen

Diese kleinen Knöpfe mit dem niedlichen handgestickten Gänseblümchenmotiv beleben auf einfache Weise ein Alltagshemd.

Material
Hemdenstoff aus Baumwolle in Grün
Sticktwist: Reste in Weiß und Gelb
Überziehbare Knöpfe: Ø 11 mm, in der gewünschten Menge

Werkzeug
Kleiner Stickrahmen
Stoffmarkierstift
Sticknadel
Kleine, scharfe Schere

GEGENÜBER: *Ein gekauftes Hemd kann mit neuen Knöpfen toll aussehen. Achten Sie jedoch darauf, dass die Stoffe gut zueinander passen.*

1. Den Stoff in den Stickrahmen einspannen. Mit der Schnittvorlage und dem Stoffmarkierstift mehrere Kreise auf dem Stoff anzeichnen.

2. Einen einzelnen Faden des weißen Sticktwists in die Nadel einfädeln und verknoten. Die Nadel in der Mitte eines Kreises durch den Stoff nach oben stechen. Nahe der Ausstichstelle die Nadel wieder nach unten führen, dabei eine kleine Schlaufe auf der Oberfläche lassen. Um ein Blütenblatt zu bilden, die Nadel in einem Abstand von 4 mm durch den Stoff und die Schlaufe wieder nach oben stechen. Vorsichtig an der Schlaufe ziehen, um diese zu spannen, und anschließend mit einem kleinen Überfangstich sichern. Die Nadel erneut in der Mitte des Kreises hervorholen und den Vorgang wiederholen, bis acht Blütenblätter entstanden sind. Den Faden an der Rückseite sichern und abschneiden.

3. Für einen Knötchenstich als Mittelpunkt der Blume drei Einzelfäden des gelben Sticktwists in die Nadel einfädeln und durch die Mitte der Blume nach oben stechen. Das Garn dreimal um die nahe der Ausstichstelle gehaltene Nadelspitze wickeln und straff ziehen. Die Nadel knapp neben der Ausstichstelle wieder einstechen und den Faden anziehen. Dabei entsteht ein kleiner Knoten. Den Faden auf der Rückseite sichern und abschneiden. Die Knopfform wie üblich beziehen. (Siehe auch *Ein Gänseblümchen mit der Hand sticken*, Seiten 46–47, und *Überziehbare Knöpfe verwenden*, Seite 10.)

Knopf mit gestickter Initiale

Bei dieser Technik wird vor dem Besticken die Rückseite eines fotokopierten Buchstabens mit Nitroverdünner auf Stoff übertragen. Verwenden Sie eine Schriftart, die nicht zu verschnörkelt ist.

Material

- Leinenstoff in Ecru
- Sticktwist: Reste in mattem Rot
- Kopierpapier
- Nitroverdünner
- Überziehbare Knöpfe: Ø 22 mm, in der gewünschten Menge

Werkzeug

- Seitenverkehrt fotokopierte Buchstaben
- Wattestäbchen, Metalllöffel
- Kleiner Stickrahmen
- Sticknadel
- Kleine, scharfe Schere

1. Ein Wattestäbchen in den Nitroverdünner tauchen und über die Rückseite des Papiers mit dem seitenverkehrten Buchstaben wischen. Dabei wird der Buchstabe durch das Papier hindurch sichtbar.

2. Den Buchstaben zum Übertragen mit der Vorderseite nach unten an der gewünschten Stelle auf den Stoff legen. Mit dem Löffel fest über die Rückseite des Papiers reiben, dabei das Papier gut festhalten, um ein Verrutschen des Buchstabens oder ein Verschmieren der Farbe zu vermeiden. Das Papier vorsichtig entfernen.

3. Stoff in den Stickrahmen spannen. Stickgarn in eine Nadel einfädeln und verknoten. Mit kleinen Rückstichen die äußeren Konturen des Buchstabens nachsticken. An den schmalen Stellen des Buchstabens bleiben die Rückstiche sichtbar. An den breiteren Stellen den Raum zwischen den beiden Rückstichlinien mit einem Plattstich füllen; dabei jeden Stich direkt neben den äußeren Kanten des Rückstiches beginnen und enden lassen. Hier wurde zum Schluss noch ein Knötchenstich in die Mitte gesetzt. (Siehe dazu *Ein Gänseblümchen mit der Hand sticken*, Seiten 46–47.) Faden auf der Rückseite sichern. Die Knopfform wie üblich beziehen. (Siehe auch *Eine Initiale von Hand sticken*, Seite 47, und *Überziehbare Knöpfe verwenden*, Seite 10.)

GEGENÜBER: *Die für das Übertragen der Buchstaben verwendete Technik liefert eine akkurate Vorlage zum Besticken. Nitroverdünner kann schädlich sein. Daher unbedingt die Angaben und Sicherheitshinweise des Herstellers befolgen.*

Knopf mit Shisha-Spiegel

Bei der Stickerei mit Shisha-Spiegeln, auch »Häkelspiegel« genannt, handelt es sich um eine traditionelle indische Sticktechnik.

Material

Material
Filz in Rot (für mehr Festigkeit mit einem Baumwollstoff unterlegt)
Maschinenstickgarn in kräftigen Farben, z. B. Rosa, Orange und Pink
Häkelspiegel in Rosa: 1 Stück pro Knopf
Nähgarn in Rot und Rosa
Überziehbare Knöpfe: Ø 29 mm, in der gewünschten Menge

Werkzeug

Werkzeug
Nähmaschine
Kleine, scharfe Schere
Kleiner Stickrahmen
Nähnadel
Stoffmarkierstift

1. Den Stoff in den Stickrahmen spannen. Um sicherzugehen, dass nur die Oberseite des Knopfes bestickt wird, das obere Teil des zu beziehenden Knopfes als Schablone verwenden und mit dem Stoffmarkierstift anzeichnen.

2. Die Nähmaschine auf Freihandstickerei einstellen, als Oberfaden Stickgarn in Pink und als Unterfaden Nähgarn in Rot verwenden. Innerhalb der markierten Fläche ineinander angeordnete Kreise sticken, dabei so dicht arbeiten, dass der Filz nicht mehr hindurchschaut. Von außen nach innen arbeitend, etwa zwei Drittel des Kreises bedecken, dabei immer wieder die Farben des Stickgarns wechseln. Die Mitte nicht besticken, da diese mit dem Häkelspiegel bedeckt wird. Den Baumwollstoff nahe der Stickerei abschneiden und die Fadenenden ebenfalls abschneiden.

3. Die Knopfform wie üblich beziehen. Zum Schluss rosafarbenes Garn in eine Nähnadel einfädeln und den Häkelspiegel in der Mitte des Knopfes fest annähen. Die Fadenenden abschneiden. (Siehe auch *Kreise mit der Maschine sticken*, Seite 49, und *Überziehbare Knöpfe verwenden*, Seite 10.)

GEGENÜBER: *Diese prächtigen Knöpfe – auf Kleidung oder Möbeln verwendet – erregen mit Sicherheit Aufmerksamkeit. Durch Abwandlung der Farbfolge können sie noch ein wenig variiert werden.*

Knopf mit Lederblatt

Die prächtigen Farben und die edlen Oberflächen des Wild- und Glattleders verleihen diesen Knöpfen eine opulente Note. Mit ihnen lassen sich viele handgefertigte Objekte aufwerten.

Material

- Lederreste in Braun
- Wildleder in Purpur, mit einem Baumwollstoff unterlegt
- Metallic-Stickgarn in Kupfer
- Nähgarn in Braun
- Rocailles in Bronze
- Perlenfaden in Braun
- Überziehbare Knöpfe: Ø 29 mm, in der gewünschten Menge

Werkzeug

- Stanze mit Blattmotiv, Hammer
- Schneidematte
- Nähmaschine, Schere
- Stickrahmen, Perlennadel

1. Auf der Schneidematte mit der Stanze und dem Hammer aus dem braunen Leder eine Blattform ausstanzen. Das purpurfarbene Wildleder (mit dem Baumwollstoff unterlegt) in einen Stickrahmen einspannen und das Blattmotiv darauf positionieren.

2. Die Nähmaschine auf Freihandstickerei einstellen, als Oberfaden das Metallic-Stickgarn in Kupfer und als Unterfaden das braune Nähgarn verwenden. Mit Hin- und Herbewegungen die Blattadern aufsticken. Die Fadenenden abschneiden.

3. Den Perlenfaden in die Perlennadel einfädeln und verknoten. Ab und zu auf die Spitzen der Adern eine Perle setzen, dabei vier bis fünf Perlen pro Blatt verwenden. Den Faden an der Unterseite sichern und abschneiden. Nun die Knopfform wie üblich beziehen. (Siehe auch *Ein ausgestanztes Motiv mit der Maschine besticken*, Seite 49, und *Überziehbare Knöpfe verwenden*, Seite 10.)

GEGENÜBER: *Leder eignet sich hervorragend zum Ausstanzen von Formen, da die Schnittkanten nicht ausfransen. Auf der Wildlederoberfläche verrutscht das Motiv beim Sticken nicht und macht daher die Verwendung von Klebstoff überflüssig.*

Modellierte Knöpfe

Aus Polymerton (Fimo) und aus lufttrocknendem Modellierton lassen sich schöne Knöpfe herstellen; Polymerton gibt es in vielen Farben. Lufttrocknender Modellierton kann nach dem Trocknen bemalt werden.

Eine Millefiori-Rolle herstellen

Diese mit Polymerton gearbeitete Technik geht sehr schnell. Wer noch schneller arbeiten will, kann im Handel auch fertige Millefiori-Rollen kaufen.

1. Den Polymerton kneten und mithilfe einer kleinen Plexiglasscheibe zu Rollen formen. Benötigt werden eine 1 cm dicke Rolle in Gelb und fünf 1,5 cm dicke Rollen in Weiß. Sie sollten alle gleich lang sein.

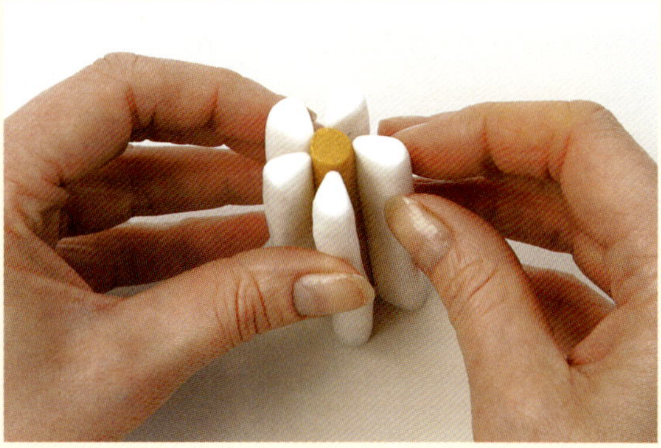

2. Um aus den Rollen eine Blume zu formen, zunächst alle weißen Rollen an einer Seite eindrücken, um eine Blütenblattform zu bilden. Diese Blütenblätter gleichmäßig um die gelbe Mitte anordnen.

3. Fünf weitere Rollen in Blau nach Art der weißen herstellen, in die Zwischenräume einpassen und festdrücken. Eine dünne Platte aus blauem Ton ausrollen und um die Blumenrolle wickeln. Passend zurechtschneiden und die Lücke mit dem Daumen verstreichen.

4. Die Blumenrolle vorsichtig mit der Plexiglasscheibe rollen, um den Umfang zu verkleinern; dabei ab und zu leicht drücken und ziehen, damit sie nicht auseinander reißt. Bei diesem Vorgang wölben sich die Enden langsam nach innen. Diese mit einem Bastelmesser abschneiden und die Rolle vor dem Weiterrollen noch einmal auf Risse untersuchen. Auf diese Weise sieben etwa gleich lange Rollen von 8 mm Stärke herstellen.

5. Eine 1 cm dicke Rolle in Blau als Mittelpunkt für die sieben Rollen herstellen und diese rundum anordnen. Eine dünne Platte aus blauem Ton ausrollen und um das Ganze herumwickeln; wie vorher zurechtschneiden und verstreichen. Die Rolle noch einmal ein wenig rollen, um den Ton zu verdichten und die gewünschte fertige Form zu erhalten.

6. Die Rolle mit der Klinge eines Bastelmessers in etwa 4 mm dicke Scheiben schneiden. Die Form der Scheiben nacharbeiten, sodass die späteren Knöpfe rund geformt sind.

7. Mit einer Stopfnadel in jede Scheibe mittig zwei Löcher stechen, dabei darauf achten, dass die Löcher groß genug zum Durchfädeln von Garn oder Faden sind.

8. Die Knöpfe auf ein mit Backpapier ausgelegtes Backblech legen und nach den Herstellerangaben im Ofen aushärten.

Polymerton mit Ausstechformen gestalten

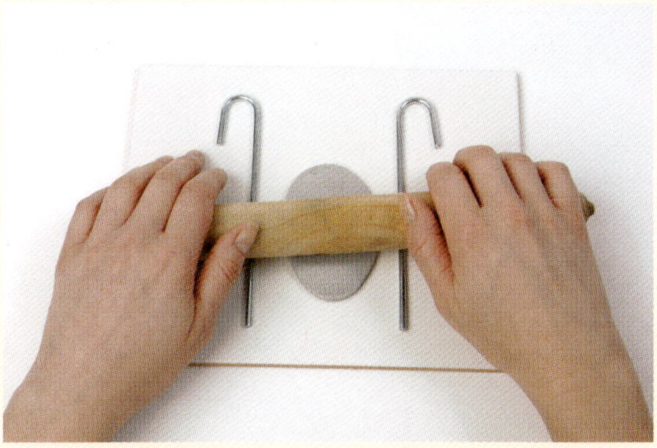

1. Den Ton kneten und ausrollen, dabei das Rollholz auf zwei gleich hohe Stützen, beispielsweise Zeltheringe, auflegen, damit die Tonplatte gleichmäßig stark wird.

2. Die Ausstechformen in etwas Wasser tauchen und fest in den Ton drücken. Die Form vorsichtig herausdrücken, durch die Feuchtigkeit gelingt dies leichter.

Lufttrocknenden Modellierton mit Modellierform gestalten

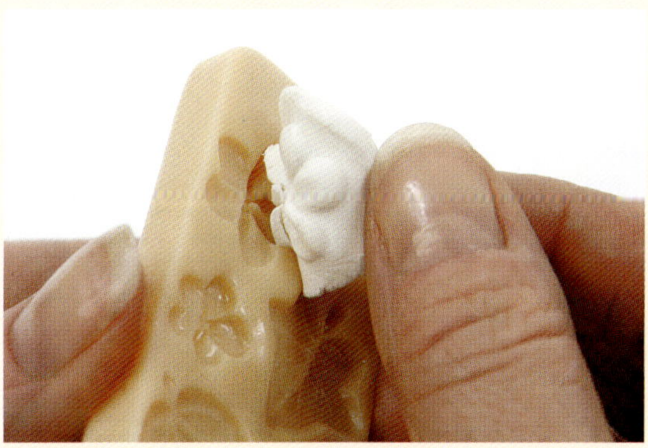

1. Die Modellierform mit etwas Sonnenblumenöl bepinseln. Eine kleine Menge Ton kneten und fest in die Modellierform drücken (er sollte etwas über den Rand hinausragen). An diesem Rand vorsichtig aus der Form herausnehmen.

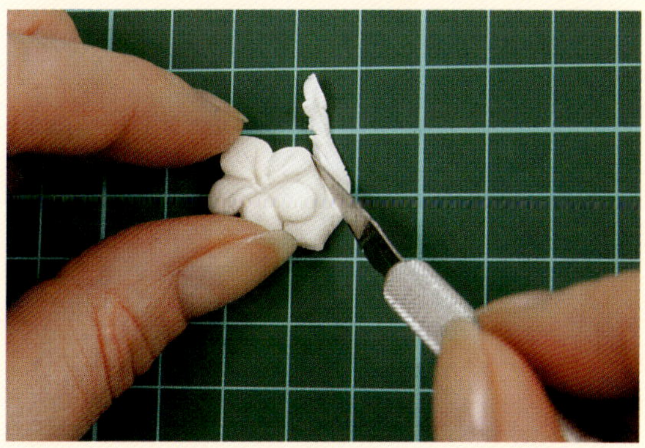

2. Die Tonform auf eine Schneidematte legen und mit einem Messer vorsichtig die überstehenden Ränder abschneiden. Aushärten lassen und wie gewünscht bemalen.

Millefiori-Knopf

Das italienische Wort »Millefiori« bedeutet »tausend Blumen«. Die Herstellung von Polymerton-Rollen ist ein sehr meditativer Vorgang. Aus den Rollen lassen sich viele verschiedene, fein gemusterte Knöpfe gestalten. Es ist wunderbar, zu beobachten, wie das Muster einer großen Rolle zu einer Miniatur zusammenschrumpft.

Material
1 Block Polymerton (Fimo) in Gelb
1 Block Polymerton (Fimo) in Weiß
2 Blöcke Polymerton (Fimo) in Marineblau
Werkzeug
Kleine Plexiglasscheibe
Rollholz
1 glatte Fliese
Lineal
Klinge eines Bastelmessers
Stopfnadel
Backpapier und -blech
Ofen

1. Den Polymerton kneten, dann eine Blumenrolle nach der Anleitung auf den Seiten 58–59 herstellen. Davon sieben verkleinerte Rollen von 8 mm Durchmesser und 5 cm Länge anfertigen.

2. Die Knöpfe erhalten eine einfarbig blaue Mitte. Hierfür eine blaue Rolle von 1 cm Stärke und 5 cm Länge herstellen und die geschrumpften Rollen um diese Rolle herum anordnen. Mit dem Rollholz aus dem blauen Ton eine dünne Platte ausrollen und um die Rollen wickeln, wieder zurechtschneiden und verstreichen. Um den Ton zu verfestigen, die Rolle nochmals rollen, bis sie einen Durchmesser von 2,5 cm hat.

3. Mit der Klinge die Rolle in gleichmäßige, etwa 4 mm dicke Scheiben schneiden und rund formen. Mit einer Stopfnadel in jede Scheibe mittig zwei Löcher stechen, dabei darauf achten, dass die Löcher groß genug zum Durchfädeln von Garn oder Faden sind. Die Knöpfe auf ein mit Backpapier ausgelegtes Backblech legen und nach den Herstellerangaben im Ofen aushärten. (Siehe auch *Eine Millefiori-Rolle herstellen*, Seiten 58–60.)

GEGENÜBER: *Diese Knöpfe zeigen, wie relativ einfach gemusterte Blumenrollen verwendet werden können. Mit etwas Übung können Sie aber auch erstaunlich komplizierte Muster oder sogar Bilder in den Rollen entstehen lassen.*

Buchstabenknopf

Kleine Mädchen werden von diesen lustigen Knöpfen aus glitzerndem Polymerton mit Strasssteinen begeistert sein.

Material
1 Block Polymerton (Fimo) in Metallic Silber
Strasssteine in Silber: Ø 3 mm, in der gewünschten Menge
Sekundenkleber

Werkzeug
Rollholz und 1 glatte Fliese
2 Zeltheringe (oder Ähnliches), etwa 4 mm dick
Flacher Wasserbehälter
Stopfnadel
Prickelmatte oder Mauspad
Backpapier und -blech
Buchstaben-Ausstechformen, 3 cm
Ofen

1. Den Ton kneten und auf einer glatten Fliese ausrollen, dabei das Rollholz auf zwei gleich hohe Stützen, beispielsweise Zeltheringe, auflegen, damit die Tonplatte gleichmäßig stark wird (etwa 4 mm).

2. Die Ausstechformen in etwas Wasser tauchen und fest in den Ton drücken. Die Form vorsichtig herausdrücken, durch die Feuchtigkeit gelingt dies leichter.

3. Den Buchstaben auf die Prickelmatte oder das Mauspad legen, damit er sich nicht verformt. Mit einer Stopfnadel mittig zwei Löcher stechen (variiert je nach Buchstabe). Einen Strassstein an der gewünschten Stelle zum Markieren vorsichtig in die Oberfläche drücken. Diesen vor dem Aushärten im Ofen wieder entfernen.

4. Nach den Herstellerangaben im Ofen aushärten lassen. Wenn der Buchstabe abgekühlt ist, den Strassstein aufkleben. (Siehe auch *Polymerton mit Ausstechformen gestalten*, Seite 61.)

GEGENÜBER: *Diese Knöpfe sind so leicht herzustellen, dass sie auch einem kleinen Kind gelingen. Allerdings sollten Erwachsene den Aushärtungsprozess im Backofen beaufsichtigen. Es gibt viele verschiedene Ausstechformen. Sie können speziell für Polymerton hergestellte Formen verwenden, Back- oder Aspikformen eignen sich aber genauso gut.*

CLARE

Veilchenknopf

Die irisierende Farbe verleiht diesen Veilchenknöpfen eine besondere Oberfläche, die an Seide erinnert. Sie eignen sich sehr gut als Verschluss an einem Abendkleid oder an einer zarten Strickarbeit.

Material

- Lufttrocknender Modellierton in Weiß
- Acrylfarbe in irisierendem Violett
- Feiner Filzstift in Lila
- Sonnenblumenöl (evtl. in einer Sprayflasche)

Werkzeug

- Modellierform mit Veilchenmotiv
- Bastelmesser
- Schneidematte
- Stopfnadel
- Prickelmatte oder Mauspad
- Feiner Pinsel

1. Die Modellierform mit etwas Sonnenblumenöl bepinseln oder einsprühen, damit sich der geformte Ton leichter herauslösen lässt. Eine kleine Menge Ton kneten und fest in die Modellierform drücken (er sollte etwas über den Rand hinausragen). Den geformten Ton an diesem Rand vorsichtig aus der Form herausnehmen.

2. Die Tonform auf eine Schneidematte legen und mit einem Messer vorsichtig die überstehenden Ränder abschneiden. Unebene Stellen am Rand mit dem Finger glatt streichen.

3. Das Veilchen mit der Vorderseite nach oben auf die Prickelmatte legen, damit es sich nicht verformt. Mit der Stopfnadel mittig zwei Löcher stechen, dabei darauf achten, dass sie groß genug zum Durchfädeln von Garn sind. Den Ton vollständig aushärten lassen.

4. Das Veilchen anmalen, die Farbe, falls nötig, mit etwas Wasser verdünnen und trocknen lassen. Um die Knöpfe noch etwas dreidimensionaler wirken zu lassen, die Vertiefungen mit dem Filzstift etwas dunkler malen. (Siehe auch *Lufttrocknenden Modellierton mit Modellierform gestalten*, Seite 61.)

GEGENÜBER: *Die fertigen Veilchen haben einen leichten Glanz. Modellierformen gibt es mit vielen Motiven. Für Knöpfe eignen sich am besten Formen mit kleinen und nicht zu tiefen Motiven. Die Veilchen können nicht nur in herkömmlicher Weise an Kleidung verwendet werden, sondern eignen sich auch als schöne Verzierungen auf Gruß- und Glückwunschkarten oder anderen Papierarbeiten.*

Knöpfe aus Fundstücken

Hier wird die Technik von den Materialien bestimmt. Besonders viel Spaß macht es, selbst Techniken zu finden, die es möglich machen, Knöpfe aus Fundstücken und unkonventionellen Objekten anzufertigen.

Löcher in eine Muschel bohren

Ganze Muscheln oder auch Bruchstücke davon können zu Knöpfen verarbeitet werden. Dabei muss vorsichtig gebohrt werden, ein scharfer Bohrer und viel Übung sind die Voraussetzung. Sie müssen auch mit viel Ausschuss rechnen.

Einen kleinen Bohrer in das Multifunktionswerkzeug (Dremel) einspannen. Die Muschel auf eine Holzplatte legen und mit einem kleinen Stück Modelliermasse abstützen. Gleichmäßig bohren, dabei nicht zu viel Druck ausüben. Für das zweite Loch den Vorgang wiederholen.

Aus einem Kronkorken einen Bilderrahmen herstellen

1. Mit einem Cutter einen kleinen Schlitz mittig in einen Kronkorken schneiden. Mit einer Schraubendreherspitze den Schlitz so weit aufdrücken, dass die Öse eines einfachen, flachen Metallknopfes hindurchpasst.

2. Die Öse in den Schlitz stecken und den Knopf in den Kronkorken drücken. Von außen mit dem Schraubendreher das Metall um die Öse wieder zurückbiegen, damit der Knopf festsitzt.

3. Ein Bild aus einem Hochglanzpapier ausstanzen – eine Postkarte eignet sich besonders gut. Der Durchmesser des Bildes muss etwa dem des Knopfes entsprechen.

4. Die Kanten zwischen Knopf und Kronkorken mit Weißleim so anfüllen, dass auch die Knopfoberfläche etwas damit bedeckt wird. Das Bild quer zur Öse in den Kronkorken einpassen. Liegend trocknen lassen.

5. Die Kante zwischen Bild und Kronkorken gut mit Glitzerkleber versiegeln und trocknen lassen.

6. Mit einer Spritze Gießharz aufziehen und damit den Kronkorken bis kurz unter der Kante auffüllen. In horizontaler Position trocknen lassen.

Muschelknopf

Diese Knöpfe sind aus Bruchstücken großer, im Meer glatt geschliffener Muscheln gefertigt. Nutzen Sie den nächsten Aufenthalt am Meer, um Ihre eigenen Schätze zu sammeln.

Material
Muschelstücke
Feiner Schmuckdraht aus Silber
Sekundenkleber
Kleine Menge Modellierton
Werkzeug
Multifunktionswerkzeug (Dremel) mit HSS-Stahlbohrer, 1,5 mm
Kleine Holzplatte
Drahtschneider und Biegezange für Schmuckdraht

1. Den Bohrer in das Multifunktionswerkzeug einspannen. Die Muschel auf die Holzplatte legen und mit einem kleinen Stück Modellierton abstützen. Gleichmäßig bohren, dabei nicht zu viel Druck ausüben. Für das zweite Loch den Vorgang mit 6 mm Abstand wiederholen.

2. Ein Stück Schmuckdraht abschneiden und zwischen den beiden Löchern vier- bis fünfmal fest um die Muschel wickeln. Mit der Zange die Enden auf der Unterseite fest umeinander drehen und flach gegen die Unterseite drücken, dabei darauf achten, dass das Ende gut eingeschlagen ist. Mit etwas Sekundenkleber festkleben.

3. Beim Annähen des Knopfes das Garn über den Draht führen. (Siehe auch *Löcher in eine Muschel bohren*, Seite 68.)

GEGENÜBER: *Diese Muschelknöpfe mit ihren zarten Tönen und Maserungen sowie dem feinen Draht zieren hier die Kante eines Umhängetuchs aus Mohair. Die unterschiedlichen Oberflächenstrukturen sprechen das Auge ebenso wie den Tastsinn an.*

Kronkorkenknopf

Diese lustigen, etwas kitschigen Knöpfe enthalten ein unter Gießharz eingeschlossenes Bild in Miniaturform. Postkarten eignen sich wegen der vielen kleinen Bilder und der Hochglanzoberfläche besonders gut: Die Oberfläche verhindert, dass das Harz in das Papier eindringt.

Material

- Kronkorken in der gewünschten Menge
- Einfache, flache Metallknöpfe mit Öse: Ø 18 mm, in der gewünschten Menge
- Postkarte(n)
- Weißleim
- Glitzerkleber in Rot und Multicolor
- Gießharz

Werkzeug

- Cutter
- Kleine Holzplatte
- Kleiner Schlitzschraubendreher
- Motivlocher, Kreis
- Spritze

1. Den Kronkorken auf die Holzplatte legen und mit dem Cutter mittig einen kleinen Schlitz schneiden. Mit der Spitze des Schraubendrehers den Schlitz so weit aufdrücken, dass die Öse des Metallknopfes hindurchpasst.

2. Die Öse in den Schlitz stecken und den Knopf in den Kronkorken drücken. Von außen mit dem Schraubendreher das Metall um die Öse wieder zurückbiegen, damit der Knopf festsitzt.

3. Mit dem Motivlocher ein Bild aus der Karte stanzen; das wichtigste Motiv mittig ausrichten. Der Durchmesser des Bildes muss etwa mit dem des Knopfes übereinstimmen.

4. Die Kanten zwischen Knopf und Kronkorken mit Weißleim so anfüllen, dass auch die Knopfoberfläche etwas damit bedeckt wird. Das Bild quer zur Öse in den Kronkorken einpassen. In horizontaler Position trocknen lassen.

5. Die Kante zwischen Bild und Kronkorken gut mit Glitzerkleber versiegeln und trocknen lassen.

6. Gießharz mit dem Härter nach Herstellerangaben mischen, in eine Spritze aufziehen und damit den Kronkorken bis knapp unter die Kante auffüllen. In horizontaler Position trocknen lassen. (Siehe auch *Aus einem Kronkorken einen Bilderrahmen herstellen*, Seiten 68–69.)

GEGENÜBER: *Diese witzigen Knöpfe enthalten Erinnerungen an einen Besuch in London. Man kann auch kleine Gegenstände wie Amulette, Münzen oder Muscheln mit dem Harz einschließen.*

Harrods

Holzknöpfe

Holz kann zu ausgefallenen Knöpfen verarbeitet werden. Sie können bereits geschliffene und geformte Stücke verwenden oder das Holz in seinem ursprünglichen Zustand (mit Rinde) verarbeiten.

Einen Knebel aus einem Zweig herstellen

Zweige mit einem Durchmesser von etwa 1 cm eignen sich am besten für diese Technik. So finden abgeschnittene Zweige hier noch eine Verwendung.

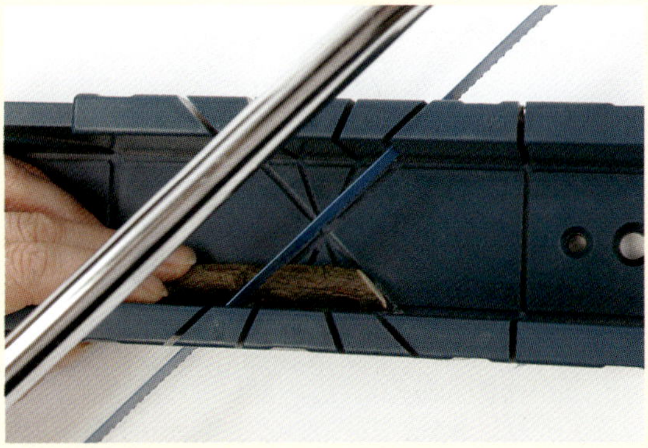

1. Den Zweig in eine Gehrungsschneidlade legen und das eine Ende mit einer Säge in einem Winkel von 45° abschneiden. Eine Markierung in 5 cm Abstand vom äußersten Punkt des abgesägten Endes anzeichnen und in einem gegenläufigen Winkel von 45° abschneiden. Die lange Seite misst nun 5 cm, die kurze 2,5 cm. Falls nötig, die Schnittkanten mit einem feinen Schleifpapier glätten.

2. An der kurzen Seite mit einem Cutter mittig eine flache Kerbe von etwa 1,5 cm Länge einschneiden. Mit Schleifpapier glätten.

3. In der Mitte der Kerbe mit einem kleinen Bohrer auf einer Holzplatte zwei Löcher mit etwa 8 mm Abstand bohren.

4. Einen Versenkbohrer in den Bohrer spannen und die Löcher auf beiden Seiten kegelförmig erweitern.

Einen Knopf aus einem Besenstiel herstellen

Ein Besenstiel besteht aus einem dicken Rundholz, aus dem sich eine Menge Knöpfe anfertigen lassen! Mithilfe einer Gehrungsschneidlade können Sie sogar eine elliptische Form zuschneiden.

1. Einen Besenstiel in eine Gehrungsschneidlade legen und ein Ende mit einer Säge in einem Winkel von 45° abschneiden. Eine Markierung in einem Abstand von 5 mm vom abgesägten Ende anzeichnen und in der Gehrungsschneidlade eine 5 mm dicke elliptische Scheibe abschneiden.

2. Die Scheibe auf eine Holzplatte legen und mit einem kleinen Bohrer in der Mitte der Ellipse vier Löcher bohren. Mit feinem Schleifpapier die Oberflächen glätten.

3. Mithilfe eines Brandmalgerätes den Knopf an Oberseite und Rändern mit Mustern verzieren. Den fertigen Knopf mit zwei Schichten Acryl-Mattlack versiegeln.

Nützliche Tipps

- Wenn Sie kein Brandmalgerät besitzen, lassen sich auch mit einem Lötkolben einfache Muster erzielen, die gut zu dem naiven, rustikalen Charme der Knöpfe passen.
- Wenn der Besenstiel gerade – also in einem Winkel von 90° – in Scheiben geschnitten wird, lassen sich daraus herkömmliche runde Knöpfe herstellen.

Eine Form aus Holz mit handgeschöpftem Papier beziehen

Fertig gekaufte Holzformen können mit handgeschöpftem Papier beklebt werden und erhalten dadurch eine attraktive Oberfläche. Wählen Sie für diese Technik eine weiche, leichte Papierqualität mit langen, weichen Fasern aus, beispielsweise Maulbeerbaumpapier.

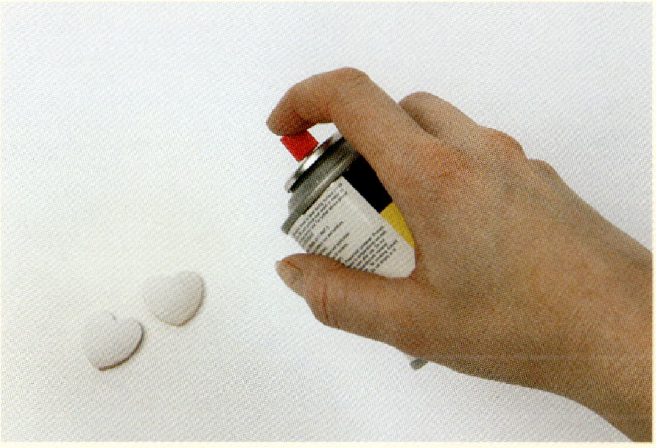

1. Die Holzform auf eine abgedeckte Arbeitsfläche legen und die Oberseite sowie die Ränder mit Sprühlack lackieren (die Herstellerangaben beachten!). Trocknen lassen, dann wenden und auch die Unterseite mit Farbe besprühen. Gründlich trocknen lassen.

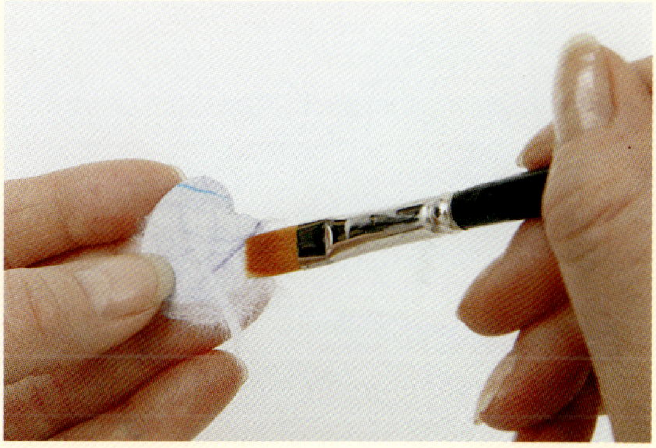

2. Etwas Tapetenkleister nach den Angaben des Herstellers anmischen. Mit einem flachen Pinsel eine Schicht auf Oberseite und Ränder aufbringen. Ein kleines Papierstück abreißen und so auf die Holzform aufbringen, dass es auch um den Rand geschlagen werden kann. Mit etwas Kleister auf einer Pinselspitze das Papier an die Form anpassen. Ein weiteres Papierstück abreißen und neben dem ersten aufbringen. Die gerissenen Kanten sollten zwar leicht überlappen, aber keine zu ausgeprägten Linien bilden. In dieser Weise fortfahren, bis die gesamte Form bedeckt ist. Dann gründlich trocknen lassen.

Rustikaler Knebel

Aus dicken Zweigen mit schöner Borke lassen sich einzigartige Knebelknöpfe anfertigen, die eine wunderbar rustikale Note aufweisen.

Material
Zweige, ca. Ø 1 cm

Werkzeug
Gehrungsschneidlade
Säge
Feines Schleifpapier
Cutter
Bohrer mit HSS-Stahlbohrer, 2 mm
Versenkbohrer
Kleine Holzplatte

Diese Knebel werden am besten aus Zweigen hergestellt, die wie diese Kirschbaumzweige relativ gleichmäßig in der Stärke sind und eine schöne Borke aufweisen. Die Zweige mit einem feuchten Tuch säubern.

1. Den Zweig in die Gehrungsschneidlade legen und mit der Säge ein Stück in einem Winkel von 45° abschneiden. Eine Markierung in 5 cm Abstand vom äußersten Punkt des abgesägten Endes anzeichnen und in einem gegenläufigen Winkel von 45° abschneiden. Die lange Seite misst nun 5 cm, die kurze 2,5 cm. Falls nötig, die Schnittkanten mit feinem Schleifpapier glätten.

2. An der kurzen Seite mit dem Cutter mittig eine flache Kerbe von etwa 1,5 cm Länge einschneiden. Mit Schleifpapier glätten.

3. Auf einer Holzplatte als Unterlage zwei Löcher in der Mitte der Kerbe mit etwa 8 mm Abstand bohren.

4. Den Versenkbohrer in den Bohrer spannen und die Löcher auf beiden Seiten kegelförmig erweitern. (Siehe auch *Einen Knebel aus einem Zweig herstellen*, Seite 74.)

GEGENÜBER: *Diese attraktiven Knebel lassen sich leicht aus abgeschnittenen Zweigen anfertigen. Der unregelmäßige Wuchs und die einzigartige Maserung des Holzes machen den Charme der Knebel aus.*

Knopf mit Brandmalerei

Niemand wird ahnen, dass diese eindrucksvollen Knöpfe aus einem Besenstiel hergestellt wurden! Das eingebrannte Muster wird mit einem Brandmalgerät mit austauschbaren Brennspitzen gearbeitet.

Material

- Besenstiel oder Rundholz, Ø 24 mm
- Acryl-Klarlack, matt

Werkzeug

- Gehrungsschneidlade
- Säge
- Lineal
- Feines Schleifpapier
- Multifunktionswerkzeug (Dremel) mit HSS-Stahlbohrer, 2,5 mm
- Kleine Holzplatte
- Brandmalgerät mit austauschbaren Brennspitzen
- Papierunterlage zum Schutz der Arbeitsfläche
- Kleiner, flacher Pinsel

Obwohl der Besenstiel auch leicht in runde Scheiben geschnitten werden könnte, sieht das Ergebnis interessanter aus, wenn diese schräg geschnitten werden.

1. Den Besenstiel in die Gehrungsschneidlade legen und ein Ende mit einer Säge in einem Winkel von 45° abschneiden. Eine Markierung in einem Abstand von 5 mm vom abgesägten Ende anzeichnen und in der Gehrungsschneidlade eine elliptische Scheibe absägen.

2. Die Scheibe auf eine Holzplatte legen und mit dem Multifunktionswerkzeug in der Mitte der Ellipse vier Löcher bohren. Mit Schleifpapier die Oberflächen glätten.

3. Auf einer hitzebeständigen Unterlage mithilfe eines Brandmalgerätes und unterschiedlichen Brennspitzen den Knopf an Oberseite und Rändern mit Mustern verzieren. (Vor dem Austauschen der Brennspitzen immer erst das Gerät abkühlen lassen.)

4. Auf einer abgedeckten Arbeitsfläche den fertigen Knopf zweimal mit dem Acryllack versiegeln. (Siehe auch *Einen Knopf aus einem Besenstiel herstellen*, Seiten 75–76.)

GEGENÜBER: *Rundhölzer sind in unterschiedlichen Stärken erhältlich und können genauso gut für Knöpfe dieser Art verwendet werden. Wenn Sie jedoch größere Knöpfe benötigen, sind Besenstiele eine gute und preiswerte Alternative.*

Herzförmiger Holzknopf

Vorgefertigte Holzformen mit unterschiedlichen Motiven sind in den meisten Bastelläden erhältlich. Hier verleiht das handgeschöpfte Maulbeerbaumpapier mit verschiedenfarbigen Fasern den Holzherzen eine außergewöhnlich dekorative Oberfläche.

Material

- Holzherzen, 25 mm breit, 3 mm dick, in der gewünschten Menge
- Acryl-Sprühlack, matt, in Weiß
- Tapetenkleister
- Maulbeerbaumpapier mit fliederfarbenen und blauen Fasern: 1 kleines Stück pro Knopf
- Acryl-Klarlack, matt

Werkzeug

- Papier zum Schutz der Arbeitsfläche
- Kleines Gefäß; kleiner, flacher Pinsel
- Multifunktionswerkzeug (Dremel) mit HSS-Stahlbohrer, 2,5 mm
- Kleine Holzplatte

1. Holzform auf eine abgedeckte Arbeitsfläche legen und Oberseite sowie Ränder mit Sprühlack lackieren (Herstellerangaben beachten!). Trocknen lassen, dann wenden und die Unterseite mit Farbe besprühen. Gut trocknen lassen.

2. Etwas Tapetenkleister nach Herstellerangaben anmischen. Mit dem Pinsel eine Schicht auf Oberseite und Ränder aufbringen. Ein kleines Papierstück abreißen und so auf die Holzform aufbringen, dass es auch um den Rand geschlagen werden kann. Mit etwas mehr Kleister und der Pinselspitze das Papier an die Form anpassen. Ein weiteres Papierstück abreißen und neben dem ersten aufbringen. Die gerissenen Kanten sollten zwar ein bisschen überlappen, aber keine zu ausgeprägten Linien bilden. In dieser Weise fortfahren, bis die gesamte Form bedeckt ist. Dann gründlich trocknen lassen.

3. Das mit Papier bedeckte Herz auf die Holzplatte legen und mittig zwei Löcher mit etwa 7 mm Abstand bohren. Zum Schluss mit dem Pinsel zwei Schichten Acryl-Klarlack auf die gesamte Oberfläche auftragen, jede Schicht gründlich trocknen lassen. (Siehe auch *Eine Form aus Holz mit handgeschöpftem Papier beziehen*, Seite 77.)

GEGENÜBER: *Handgeschöpftes Papier verleiht Knöpfen eine schöne Oberfläche. Sie eignen sich so besonders für Kleidung, Gestricktes oder sonstige Textilien. Sie können aber auch Glückwunschkarten sowie andere Papierkreationen damit schmücken.*

Knöpfe aus Garn, Litze und Kordel

Aus Garnen, Litzen und Kordeln lassen sich viele traditionelle Knöpfe herstellen. Diese ehemals in Heimindustrie hergestellten Knöpfe – z. B. aus dem englischen Dorset stammende Garnknöpfe oder Posamentenknöpfe aus Litze und Kordel – wurden durch die Einführung einer Maschine zum Beziehen von Knöpfen sowie durch Kunststoffknöpfe verdrängt. Sie können diese alten Techniken wieder aufleben lassen und damit Ihren Objekten eine besondere Note verleihen.

Einen Garnknopf mit Wagenradmuster herstellen

Für diese mit der Nadel gewebten Knöpfe eignet sich praktisch jedes Garn. Bei sehr feinen Garnen wird die Arbeit jedoch sehr zeitaufwändig.

1. Ein sehr langes Stück Garn abschneiden (der Knopf wird mit nur einem langen Faden gearbeitet, da sich ein Verbindungsknoten schlecht verbergen lässt). Etwa 3 m sollten für einen Ring von 18 mm Durchmesser ausreichen.

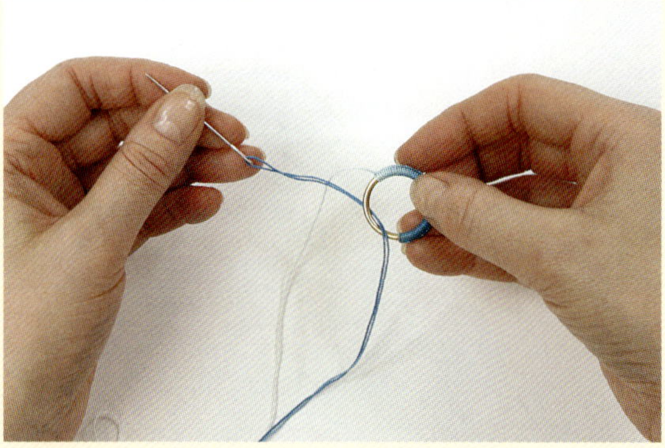

Das Garn in eine Sticknadel ohne Spitze einfädeln und den Ring mit einem Knopflochstich bedecken. Dabei das Fadenende mit den ersten Stichen festhalten, dann abschneiden. Die Stiche festziehen und dicht aneinander setzen. Nachdem der gesamte Ring bedeckt wurde, die Nadel durch den ersten Stich ziehen und diesen dadurch mit dem letzten Stich verbinden. Die Rippe des Knopflochstiches zur Innenseite des Ringes schieben.

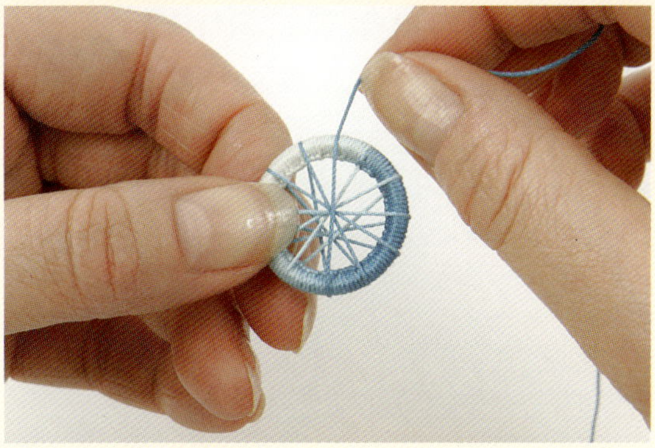

2. Denselben Faden von hinten nach vorne um den Ring schlagen und zur gegenüberliegenden Seite führen; dann um den Ring schlagen und wieder zur Mitte führen. Den Ring etwas drehen und diesen Vorgang fünfmal wiederholen. Dabei entsteht eine Reihe von »Speichen«, die wie die Ziffern einer Uhr angeordnet sind. Jede dieser Umwickelungen bildet zwei Speichen: eine auf der Vorderseite und eine auf der Rückseite des Ringes.

Nach Beendigung der Speichen die Nadel von hinten zur Mitte des Ringes führen und sämtliche Speichen (vorne und hinten) an dem Punkt, an dem sie aufeinander treffen, mit einem Kreuzstich verbinden. So werden die vorderen und hinteren Speichen für den Webvorgang auf eine Ebene gebracht.

Es ist sehr wichtig, dass der Kreuzstich exakt in der Mitte sitzt. Bei Abweichungen von nur einem bis zwei Millimetern wird der Knopf schief und kann nachträglich nicht korrigiert werden. Den Faden nicht abschneiden.

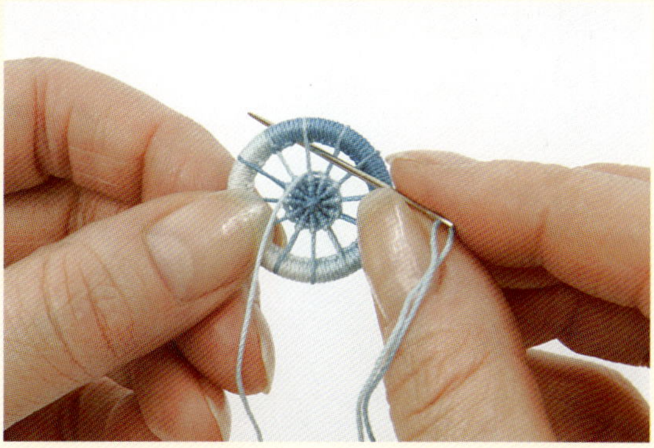

3. Mit der Nadel im Uhrzeigersinn immer rundherum über jede Speiche einen Rückstich setzen, bis der gesamte Ring gefüllt ist. Den Faden auf der Rückseite sichern und abtrennen.

Den Knopf mit einigen Stichen an zwei Punkten direkt neben dem Kreuzstich an das Objekt nähen. Wenn Sie eine Öse bevorzugen, fertigen Sie eine solche aus Garn nach der auf Seite 87 erläuterten Technik an (*Eine feste Unterseite mit einer Fadenöse herstellen*) und befestigen diese an zwei einander gegenüberliegenden Speichen.

Einen zusammengesteckten Litzenknopf herstellen

Die Ringe für mit Litzen umwickelte Knöpfe werden zunächst einzeln umwickelt, dann zusammengesetzt und aneinander genäht. So kann ein Knopf aus verschiedenen Farben und Qualitäten entstehen. Wenn Sie eine flache Litze verwenden, ist es wichtig, dass das Material beim Wickeln nicht verdreht wird.

1. Sie benötigen zwei Ringe in unterschiedlicher Größe. Den größeren Ring mit Litze umwickeln, dabei die Umwickelungen fest und dicht nebeneinander setzen, damit der Ring darunter nicht mehr hervorschaut. Wenn der Ring vollständig bedeckt ist, die Enden der Litze zur Innenseite des Ringes halten und mit einem festen Garn in passender Farbe mit einem Stich zusammennähen. Die Litzenenden abschneiden.

2. Den kleineren Ring in derselben Weise umwickeln. Dann diesen auf den größeren Ring legen und die beiden Ringe mit einem festen Garn in passender Farbe fest zusammennähen.

Wenn Sie eine Serie gleicher Knöpfe herstellen möchten, achten Sie darauf, dass alle in derselben Weise gefertigt werden, indem Sie die Anzahl der Umwickelungen zählen und immer in dieselbe Richtung wickeln.

3. Für den Litzenknoten, der die Mitte des Knopfes ausfüllt, ein Stück doppelt gelegte Litze nehmen und drei übereinander gesetzte Knoten zu einem einzigen, großen Knoten formen. Sie können prüfen, ob der Knoten das Loch ausfüllt, indem Sie die Litzenenden zusammenhalten und ihn mit diesen Enden zuerst in das Loch drücken. Falls nötig, die Anzahl der Knoten ändern. Knoten fest in das Loch hineindrücken und, mit festem Garn verborgen, am umwickelten Ring festnähen. Diese Knopfart ist an der Unterseite hohl. Um ihn verwenden zu können, muss diese noch bedeckt werden. Gehen Sie dazu nach der im Folgenden beschriebenen Anleitung, *Eine feste Unterseite mit einer Fadenöse herstellen*, vor.

Eine feste Unterseite mit einer Fadenöse herstellen

Manche handgefertigten Knöpfe, wie die oben beschriebenen Litzenknöpfe, sind an der Unterseite hohl. Um den Knopf an einem Objekt befestigen zu können, muss diese Aushöhlung mit einer festen Unterseite bedeckt werden, an der eine Fadenöse angebracht werden kann.

1. Aus mittelstarkem Karton einen Kreis ausschneiden – etwas kleiner als der Knopfdurchmesser. Aus Stoff einen Kreis mit dem doppelten Durchmesser des Kartonkreises ausschneiden. Mit festem Garn den Stoffkreis nahe der Kante mit einem Vorstich umrunden. Karton in die Mitte des Stoffkreises legen und am Garn ziehen, um den Stoff um den Karton herum zu raffen. Enden verknoten und abschneiden. Den stoffbezogenen Kartonkreis mit verborgenen Stichen an der Unterseite des Knopfes befestigen.

2. Nun zur Fadenöse. Knöpfe mit Ösen eignen sich besonders für dicke Stoffe, da der Knopf im geschlossenen Zustand den Stoff nahe der Befestigung nicht in Falten zieht. An der Unterseite mit einem festen, gut gesicherten Faden mittig ein Rechteck nähen, dabei die Nadel an den kurzen Seiten unter dem Stoff durch und an den langen Seiten über dem Stoff führen. Je länger das Rechteck ist, desto länger wird auch die Öse. Den Vorgang einmal wiederholen.

3. Die langen Seiten miteinander verbinden, indem der Arbeitsfaden so lange um die Fäden dieser beiden Seiten in Form einer Acht geführt wird (unter einer Seite durch, außen wieder nach oben und in die andere Richtung in der Mitte wieder nach unten), bis die einzelnen Fäden fest miteinander verbunden sind. Den Faden sichern und abschneiden.

Nützlicher Tipp

- Sie können die Unterseite auch bedecken, indem Sie über der Aushöhlung Stiche setzen, die wie die Ziffern einer Uhr angeordnet sind und an der Litze oder dem Stoff verankert werden: einen Stich von 12.00 Uhr nach 6.00 Uhr setzen, einen von 1.00 Uhr nach 7.00 Uhr usw. Um genug Festigkeit zu erreichen, die Mitte des Knopfes mindestens fünfmal überqueren; dann den Faden sichern, indem mit diesem die Fadenstränge in der Mitte zusammengeknotet werden. An diesem Punkt den Knopf am Objekt befestigen (siehe Schritt 5, Seite 105).

Quadratischen Litzenknopf mit Schachbrettmuster fertigen

Für diesen Knopf wird ein quadratisches Stück aus starkem Karton oder Passepartoutkarton als Grundform benötigt, die in einer einfachen Wickeltechnik mit Litze bedeckt wird. Wenn Sie mit einer geraden Anzahl von Umwickelungen arbeiten, können Sie die Größe frei wählen.

1. Das Kartonquadrat in der gewünschten Größe zurechtschneiden; die Kanten mit einem Filzstift in der Farbe der Litze bemalen (damit der Karton nicht hindurchschaut). Litze diagonal über die Vorderseite des Quadrates legen und das Ende gut festhalten. Die Litze über die Ecke oben rechts zur Rückseite führen, dort parallel zur rechten Kante entlangführen und an der unteren rechten Ecke wieder nach vorne holen. Für die erste Umwickelung wieder parallel zur rechten Kante über die diagonale Litze zur oberen rechten Ecke führen und über die obere Kante legen. Diesen Vorgang wiederholen, bis sechs vertikale Umwickelungen entstanden sind, von denen die letzte an der linken unteren Ecke auf der Rückseite endet.

2. Litze in eine Nadel fädeln und, von links nach rechts, unter den ersten drei vertikalen Umwickelungen durchziehen; dabei Litze parallel zur unteren Kante (und nah an dieser) führen. Litze weiter über die nächsten drei vertikalen Litzen führen und um die rechte Kante schlagen. Dies auf der Rückseite spiegelsymmetrisch wiederholen: Litze über die erste Dreiergruppe führen und unter der nächsten Dreiergruppe durchführen. Diesen Vorgang zweimal wiederholen, die horizontalen Umwickelungen enden auf halber Höhe auf der Rückseite der linken Kante.

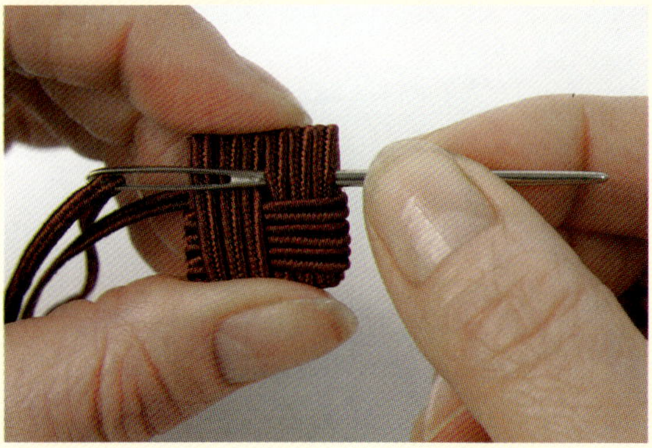

3. Das Schachbrettmuster bilden, indem der Flechtvorgang nun entgegengesetzt zu Schritt 2 fortgesetzt wird. Die Litze über die erste Dreiergruppe legen und unter der zweiten Dreiergruppe durchführen. Auf der Rückseite wieder spiegelsymmetrisch vorgehen. Nach drei Umwickelungen ist der Flechtvorgang beendet. Das Litzenende hinter den Verflechtungen verbergen und abschneiden.

4. Um sicherzugehen, dass die Umwickelungen beim Knöpfen nicht verrutschen, an der Kante des Knopfes mit einem feinen Garn in passender Farbe alle Umwickelungen mit verborgenen Stichen aneinander nähen.

Eine Affenfaust knoten

Dieser auch »Kinderkopf« genannte Knoten enthält in der Mitte eine Perle, welche die Größe des fertigen Knopfes bestimmt. Sie müssen zunächst vermutlich mit unterschiedlich großen Perlen sowie mit der Zahl der Umwickelungen experimentieren, um die Perle ganz zu verbergen.

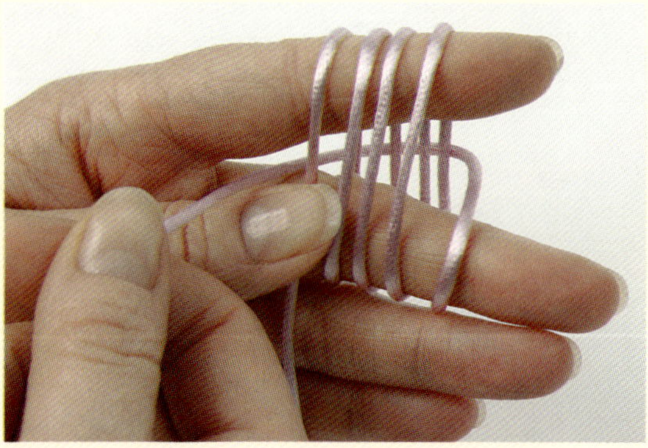

1. Zunächst die Kordel viermal um Zeige- und Mittelfinger wickeln, dann einmal nur um den Mittelfinger. Die Kordel quer hinter den Umwickelungen entlangführen und zwischen den beiden Fingern wieder nach vorne führen.

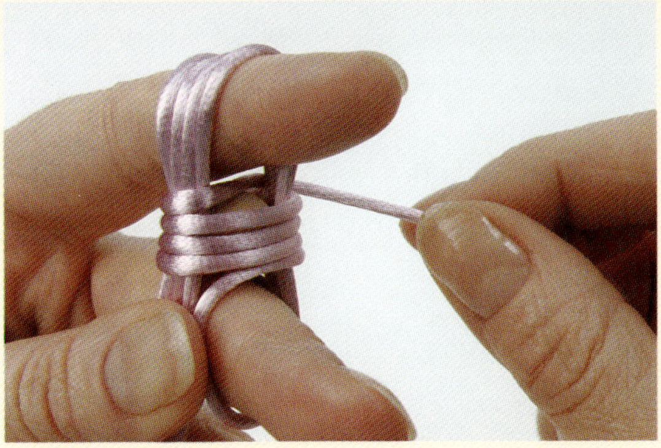

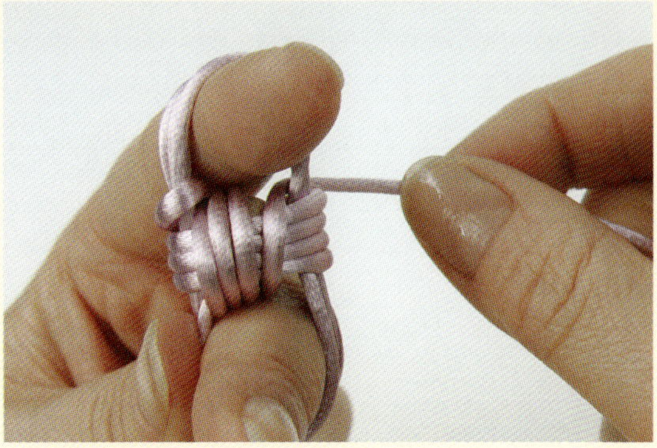

2. Die Kordel von unten nach oben viermal um die Mitte der ersten vier Umwickelungen wickeln. Die Perle in die Mitte hineinstecken und mit dem Mittelfinger abstützen. Die Kordel durch die vier oberen Schlaufen stecken.

3. Von hinten nach vorne die Mitte viermal umwickeln (Kordel erst durch die unteren, dann durch die oberen Schlaufen ziehen). Finger vorsichtig herausziehen; darauf achten, dass alle Umwickelungen in der richtigen Reihenfolge liegen bleiben. Die Perle wird nun von den Umwickelungen gehalten.

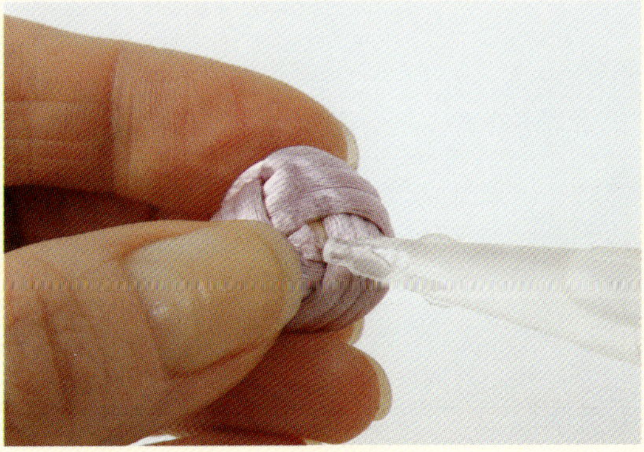

4. Die Kordel um die Perle herum festziehen, indem an den Umwickelungen in der Reihenfolge, in der sie hergestellt wurden, gezogen wird. Die Perle muss fest im Inneren sitzen. Die Kordelenden abschneiden, zwischen den Umwickelungen verbergen und mit ein wenig Sekundenkleber sichern.

Garnknopf mit Wagenradmuster

Diese Knöpfe sehen besonders reizvoll aus, wenn sie aus changierendem Häkelgarn gefertigt werden: Der unregelmäßig gefärbte Faden bewirkt, dass jeder Knopf ein wenig anders ausfällt.

Material
Gardinenring aus Messing: Ø 18 mm und 12 mm, in der gewünschten Menge
Häkelgarn aus Baumwolle: Stärke 10 in changierendem Blau
Werkzeug
Sticknadel ohne Spitze
Kleine, scharfe Schere

GEGENÜBER: *Im englischen Dorset wurden Garnknöpfe mit vielen verschiedenen Mustern hergestellt: Wagenrad, Vogelauge, Korb, Gänseblümchen. Diese Art Knopf kann in jeder Größe und mit jedem Garn gefertigt werden – auch mit Wolle oder feiner Schnur.*

1. Für eine ausführlichere Anleitung lesen Sie *Einen Garnknopf mit Wagenradmuster herstellen* auf den Seiten 84–85. Den Ring mit einem Knopflochstich bedecken, die einzelnen Stiche festziehen und dicht aneinander setzen. Dann die Nadel durch den ersten Stich ziehen und diesen dadurch mit dem letzten Stich verbinden. Die Rippe des Knopflochstiches zur Innenseite des Ringes schieben.

2. Den Faden von hinten nach vorne um den Ring schlagen und zur gegenüberliegenden Seite führen, um den Ring schlagen und wieder zur Mitte führen. Den Ring etwas drehen und den Vorgang fünfmal wiederholen. Dabei entsteht eine Reihe von »Speichen«, ähnlich wie die Ziffern einer Uhr. Jede Umwickelung bildet zwei Speichen: eine auf der Vorderseite und eine auf der Rückseite des Ringes. Nach Beendigung der Speichen die Nadel von hinten zur Mitte des Ringes führen und sämtliche Speichen (vorne und hinten) an dem Punkt, an dem sie aufeinander treffen, mit einem Kreuzstich verbinden. So werden die vorderen und hinteren Speichen für den Webvorgang auf eine Ebene gebracht. Der Kreuzstich muss genau in der Mitte sitzen. Den Faden nicht abschneiden.

3. Mit der Nadel im Uhrzeigersinn rundherum über jede Speiche einen Rückstich setzen, bis der gesamte Ring gefüllt ist. Den Faden auf der Rückseite sichern.

Geknoteter Kugelknopf

Früher wurden geknotete Knöpfe von Seeleuten auf langen Seereisen aus Seil gefertigt. Mit diesen Knöpfen wurden Mitbringsel für die Lieben zu Hause verziert. Auch Sie können diese wunderbaren Knöpfe als Verzierung eines selbst gearbeiteten Stückes verwenden, das sie verschenken wollen. Der Beschenkte wird bestimmt begeistert sein.

Material

Satinkordel in Flieder: 1 m pro Knopf

Holzperle: Ø 12 mm, 1 Stück pro Knopf

Sekundenkleber

Werkzeug

Kleine, scharfe Schere

1. Zunächst die Kordel viermal um Zeige- und Mittelfinger wickeln, dann einmal nur um den Mittelfinger. Die Kordel quer hinter den Umwickelungen entlangführen und zwischen beiden Fingern nach vorne führen.

2. Die Kordel von unten nach oben viermal um die Mitte der ersten vier Umwickelungen wickeln. Die Perle in die Mitte hineinstecken und mit dem Mittelfinger abstützen. Die Kordel durch die vier oberen Schlaufen stecken.

3. Von hinten nach vorne die Mitte viermal umwickeln, indem die Kordel erst durch die unteren und dann durch die oberen Schlaufen gezogen wird. Die Finger vorsichtig herausziehen, dabei darauf achten, dass alle Umwickelungen in der richtigen Reihenfolge liegen bleiben. Die Perle sollte nun von den Umwickelungen gehalten werden.

4. Die Kordel um die Perle herum festziehen, indem an den Umwickelungen in der Reihenfolge, in der sie hergestellt wurden, gezogen wird. Die Perle muss fest im Inneren sitzen. Die Kordelenden abschneiden, zwischen den Umwickelungen verbergen und mit ein wenig Sekundenkleber sichern. (Siehe auch *Eine Affenfaust knoten*, Seiten 90–91.)

GEGENÜBER: *Knotenknöpfe wie diese Affenfaust können in Verbindung mit einem normalen Knopfloch oder auch mit einer Knopfschlinge verwendet werden. Auch können die Kordelenden zu einem Posamentenverschluss verarbeitet werden.*

Zusammengesteckter Litzenknopf

Litzenknöpfe fallen wegen ihrer geometrischen Muster auf. Es ist die einzige Knopfart, die immer noch von Hand gefertigt wird. Die dafür verwendete Soutache ist eine schmale Litze mit zwei nebeneinander verlaufenden Füllkordeln, die mit einem Viskosegarn in Form einer »8« umwickelt wurden. Sie ist in einer großen Farbpalette erhältlich.

Material

- Gardinenring aus Messing: Ø 18 mm, 1 Stück pro Knopf
- Gardinenring aus Messing: Ø 25 mm, 1 Stück pro Knopf
- Soutache: pro Knopf 1 m in Gold
- Soutache: pro Knopf 2 m in Braun
- Festes Garn
- Kleines Stück Karton in mittlerer Stärke
- Reststück Futterstoff in Braun

Werkzeug

- Nähnadel
- Kleine, scharfe Schere

1. Den größeren Ring mit der braunen Soutache umwickeln, dabei die Umwickelungen dicht nebeneinander setzen, damit der Ring nicht mehr hervorschaut. Wenn der Ring vollständig bedeckt ist, die Enden an die Innenseite des Ringes halten und mit einem festen Garn in passender Farbe zusammennähen und abschneiden. Den kleinen Ring in derselben Weise mit der goldenen Soutache umwickeln. Dann diesen auf den größeren Ring legen und beide mit festem Garn in passender Farbe zusammennähen.

2. Für den Knoten in der Knopfmitte ein Stück doppelt gelegte braune Soutache nehmen und drei übereinander gesetzte Knoten zu einem großen Knoten formen. Prüfen Sie, ob er das Loch ausfüllt, indem Sie die Litzenenden zusammenhalten und den Knoten ins Loch drücken. Falls nötig, die Anzahl der Knoten ändern. Die Knoten fest in das Loch hineindrücken und mit festem Garn verborgen am umwickelten Ring festnähen. Diese Knopfart ist an der Unterseite hohl, die also bedeckt werden muss. Gehen Sie nach der Anleitung *Eine feste Unterseite mit einer Fadenöse herstellen* auf den Seiten 87–88 vor. (Siehe auch *Einen zusammengesteckten Litzenknopf herstellen*, Seiten 86–87.)

GEGENÜBER: *Statt der hier verwendeten Soutache kann auch flache oder runde Litze gewählt werden. Auch durch die Art der Umwickelung kann man verschiedene Muster erzielen. Anstatt eines Knotens in der Mitte können z. B. eine Spirale aus Litze, ein kleiner Knopf, eine aus Bändern geformte Rose oder andere geeignete kleine Objekte verwendet werden.*

Quadratisch gemusterter Litzenknopf

Diese Knöpfe bieten Abwechslung zu den herkömmlichen runden Formen. Die quadratische Form passt hervorragend zum Flechtmuster.

Material
Passepartoutkarton: 2 x 2 cm pro Knopf
Filzstift in Weinrot
Soutache: pro Knopf 1 m in Weinrot

Werkzeug
Nähnadel mit großer Öse
Feine Nähnadel
Nähgarn in Weinrot
Kleine, scharfe Schere

1. Lesen Sie zunächst *Quadratischen Litzenknopf mit Schachbrettmuster fertigen* auf den Seiten 89–90. Die Kanten des Kartonquadrates bemalen. Litze diagonal über die Vorderseite des Quadrates legen und das Ende gut festhalten. Quadrat wie in Schritt 1 auf Seite 89 beschrieben umwickeln. Den Wickelvorgang wiederholen, bis sechs vertikale Umwickelungen entstanden sind, von denen die letzte an der linken unteren Ecke auf der Rückseite endet.

2. Litze in eine Nadel einfädeln und, von links nach rechts, unter den ersten drei vertikalen Umwickelungen durchziehen, dabei die Litze parallel zur unteren Kante (und nah an dieser) führen. Die Litze weiter über die nächsten drei vertikalen Litzen führen und um die rechte Kante schlagen. Auf der Rückseite den Vorgang spiegelsymmetrisch wiederholen: Litze über die erste Dreiergruppe legen und unter der nächsten Dreiergruppe durchführen. Diesen Vorgang zweimal wiederholen, die horizontalen Umwickelungen enden auf halber Höhe auf der Rückseite der linken Kante.

3. Schachbrettmuster wie in Schritt 3 auf Seite 90 bilden.

4. Damit die Umwickelungen nicht verrutschen, Nähgarn in die feine Nadel einfädeln; an der Knopfkante alle Umwickelungen mit verborgenen Stichen aneinander nähen. Auf der Rückseite eine Fadenöse befestigen (siehe *Eine feste Unterseite mit einer Fadenöse herstellen*, Seiten 87–88).

GEGENÜBER: *Dank der quadratischen Knopfform und der Flechttechnik verrutscht die Litze während des Wickelns kaum, was die Herstellung vereinfacht.*

Stoffknöpfe

Stoffe und auch Bänder gibt es in unzähligen Farben, Qualitäten, Stärken und Strukturen. Sie bieten daher unbegrenzte Möglichkeiten zur Herstellung von Knöpfen. Die Ergebnisse können je nach Material und Technik außergewöhnlich und reizvoll ausfallen.

Einen Rosenknopf aus Seide herstellen

Aus Stoffen lassen sich prächtige Rosen formen. Wählen Sie einen weichen, leichten Stoff, der sich gut falten, raffen und wickeln lässt, z. B. Seidencharmeuse oder -satin. Die fertige Rose wird auf einen mit Stoff bezogenen Knopf aufgenäht. Rosenknöpfe sind meist relativ groß, um die Struktur und Fältelung des Stoffes zur Geltung zu bringen.

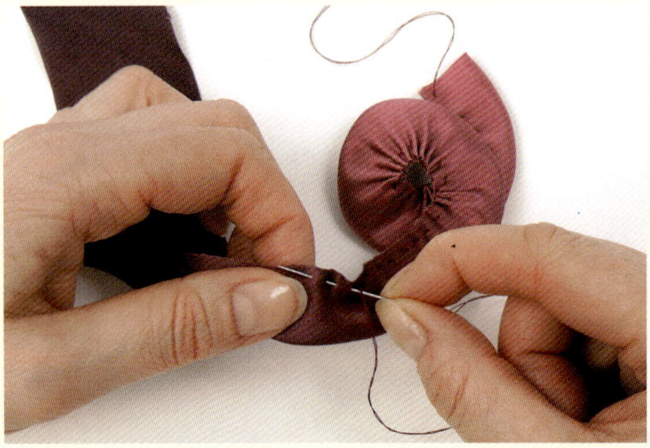

1. Aus dem Stoff einen Schrägstreifen schneiden und der Länge nach links auf links zur Hälfte falten. Die geschnittenen Kanten zusammenhalten und mit einem festen Garn eine Vorstichnaht an dieser Kante entlangnähen. Am Faden ziehen, um den Stoff ein wenig zu raffen.

2. Um die Schnittkante zu verbergen, ein Ende des Streifens schräg nach unten falten, dann den gerafften Streifen zu einer Spirale aufrollen und mit einigen Stichen aus einem festen Garn sichern. Für ein fülliges Ergebnis den Streifen beim Rollen immer stärker raffen.

3. Nach den ersten beiden Runden die untere Kante um etwa 5 mm anheben und mit dem Sichern durch Stiche fortfahren. In dieser Weise die Kante immer wieder leicht anheben, damit eine zu große Stoffansammlung an der Unterseite vermieden wird. Dies erleichtert später das Festnähen am Knopf. Um das andere Ende zu verbergen, dieses schräg nach innen falten und festnähen.

4. Einen überziehbaren Knopf (der etwa die Hälfte bis zwei Drittel der Breite der Rose misst) mit demselben Stoff beziehen (siehe die Anleitung *Überziehbare Knöpfe verwenden* auf Seite 10). Die Rose auf der Knopfmitte mit einem passenden Garn mit zwei bis drei Stichen befestigen. Dann die Unterseite der äußeren Blütenblätter mit verborgenen Stichen an der Knopfkante festnähen.

Einen Kugelknopf aus Spitze herstellen

Die Form dieses Knopfes wird durch einen festen, harten Kern aus Füllmaterial gebildet. Sie können für diese Technik auch andere leichte Stoffe verwenden, die jedoch immer mit einem Stoff unterlegt werden sollten.

1. Aus der Spitze und dem Futterstoff jeweils einen Kreis ausschneiden. Die beiden Kreise aufeinander legen und nahe der Kanten mit einem doppelten, festen Faden einen Vorstich nähen. Mit den Fingern die Kante entlang der Stiche zur Futterseite des Kreises hin kniffen.

2. Den Faden so zusammenziehen, dass nur eine kleine Öffnung bleibt. Mit einer Stricknadelspitze das Füllmaterial in die Kugel schieben, bis sie sich hart anfühlt, dabei die Schnittkanten nach innen falten. Die Fadenenden fest zusammenziehen und verknoten. Mit diesen Fadenenden können Sie später den Knopf befestigen.

Mit Bändern weben

Man kann schmale Bänder zu einem Stoffstück verweben und damit Knöpfe beziehen. Knöpfe mit einem Durchmesser ab 19 mm sind dafür besser geeignet als kleinere Knöpfe, die sich meist nicht glatt mit Bändern beziehen lassen. Verwenden Sie die Schnittvorlage des Knopfes, den Sie beziehen möchten, als Maß für die Größe des Webstückes. Bänder, die nur einseitig ein Muster oder Glanz aufweisen, sollten mit der rechten Seite nach unten auf das Brett gesteckt werden.

1. Arbeiten Sie mit zwei Bändern gleichzeitig. Von rechts nach links arbeitend die Enden der ersten beiden Bänder dicht nebeneinander in der rechten oberen Ecke eines Ärmelbrettes feststecken, und zwar so, dass die Stecknadeln flach auf dem Brett aufliegen. Bänder in der benötigten Länge abschneiden und gespannt auf dem Brett feststecken. In dieser Weise fortfahren, bis die Breite aller festgesteckten Bänder für die jeweilige Schnittvorlage ausreicht.

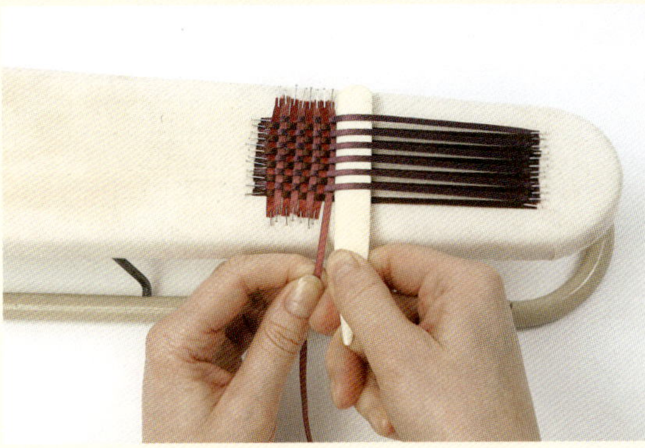

2. Beim Weben ist ein Falzbein zum Anheben der Bänder hilfreich. Falzbein in der Mitte der festgesteckten Bänder abwechselnd über und unter den Bändern durchschieben. In dem so entstandenen Zwischenraum links vom Falzbein eine Länge Band einfügen, dann mit dem Falzbein so in Position schieben, dass es einen rechten Winkel zu den in Schritt 1 festgesteckten Bändern bildet. Erst das obere Ende feststecken, dann das untere abschneiden und feststecken.

Falzbein herausziehen; erneut abwechselnd über und unter den Bändern durchschieben, diesmal in umgekehrter Reihenfolge. Ein neues Stück Band zwischen das Falzbein und das letzte Band einfügen, an dieses anschlagen, abschneiden und feststecken.

Den Vorgang so oft wiederholen, bis das Webstück fertig ist. Mit dem Falzbein lassen sich die Bänder vorsichtig zusammenschieben. Sie sollten hin und wieder prüfen, ob die Bänder noch parallel und dicht nebeneinander liegen.

3. Ein Stück Bügeleinlage in der Größe des Webstücks zuschneiden. Mit der beschichteten Seite nach unten auf das Webstück legen und mit einem heißen Bügeleisen aufbügeln. So kann beim Schneiden nichts verrutschen.

Einen Singleton-Knopf herstellen

Der Singleton-Knopf wird aus einem Ring gefertigt. Er kann in jeder Größe hergestellt werden, solange der Stoff im Durchmesser etwa zweieinhalbmal so groß ist wie der Ring. Wenn Sie einen bestimmten Teil des Stoffmusters oder ein Motiv in der Mitte des Knopfes wünschen, schneiden Sie in die Mitte der Schnittvorlage ein Loch, um sie korrekt ausrichten zu können.

1. Messen Sie den Durchmesser des Ringes und fertigen Sie eine runde Schnittvorlage an, die etwa zweieinhalbmal so groß ist. Die Schnittvorlage auf den Stoff legen, das Motiv mittig ausrichten und mit einem Stoffmarkierstift anzeichnen.

2. Den Ring in die Mitte des Kreises legen und eine Linie in der Mitte zwischen dem Ring und der Kante des Kreises einzeichnen. Den Ring entfernen (auf dem Foto bleibt der Ring zur Veranschaulichung liegen) und mit einem großzügig bemessenen Faden entlang der Linie Vorstiche nähen.

Nützlicher Tipp

- Singleton-Knöpfe wurden früher traditionell in Weiß hergestellt und mit einem fünfblättrigen Gänseblümchen bestickt. Sie maßen etwa 12 mm im Durchmesser. Dieses Design kann jedoch in jeder Größe und aus vielen verschiedenen Stoffarten umgesetzt werden. Man kann solche Knöpfe auch sehr gut mit Stickereien oder aufgestickten Perlen und Pailletten verzieren.

3. Den Ring nun auf die linke Stoffseite legen und die Fäden des Kreises aus Vorstichen so festziehen, dass nur noch ein kleines Loch übrig bleibt. Die Fadenenden festhalten und mit der Spitze einer Stricknadel die Schnittkanten durch das Loch nach innen schieben. So wird das Innere des Knopfes ausgefüllt, sodass er sich ein wenig wölbt. Wenn Sie eine stärkere Wölbung möchten, schieben Sie zusätzlich etwas Füllmaterial hinein. Die Fadenenden gut verknoten, jedoch nicht abschneiden.

4. An der Unterseite mit den Fadenenden den Stoff mit mehreren Hexenstichen straff um den Ring spannen. Dabei die Hexenstiche einmal rundherum führen, wie bei den Ziffern einer Uhr: von 12.00 Uhr nach 6.00 Uhr; von 1.00 Uhr nach 7.00 Uhr; von 2.00 Uhr nach 8.00 Uhr usw. Dann die Fäden sichern und abschneiden.

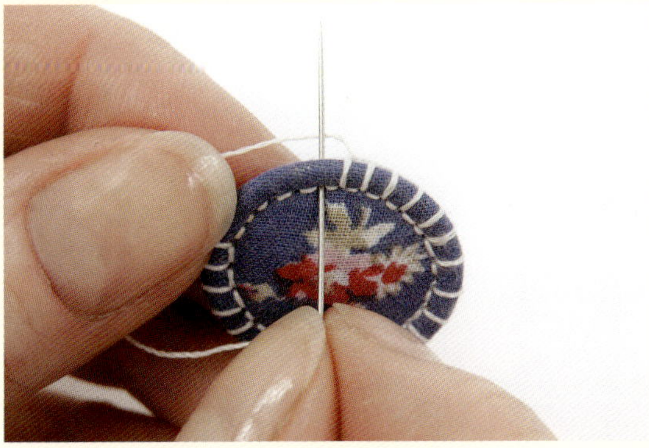

5. Um zu verhindern, dass der Ring innerhalb des Stoffes verrutscht, mit einem neuen, festen Faden am inneren Rand des Ringes von der Vorderseite aus eine Runde Rückstiche nähen. Zur Dekoration über den Rückstich und um den Ring noch eine Runde Schlingstiche setzen. Den Faden sichern und abschneiden.

Singleton-Knopf

Der ursprüngliche Singleton-Knopf wurde im späten 17. Jahrhundert ausschließlich von der englischen Familie Singleton hergestellt. Er wurde wie die Garnknöpfe aus Dorset aus einem Ring gefertigt. Hier rahmt der Ring ein winziges Stoffdruckmotiv ein.

Material

- Gardinenring aus Messing: Ø 25 mm, 1 Stück pro Knopf
- Bedruckter Stoff: pro Knopf 1 Kreis mit einem Motiv in der Mitte, Ø 65 mm
- Leinengarn in Creme

Werkzeug

- Stoffmarkierstift
- Nähnadel
- Stricknadel
- Kleine, scharfe Schere

1. Den Ring in die Mitte des Stoffkreises legen und eine Linie in der Mitte zwischen dem Ring und der Kante des Kreises einzeichnen. Den Ring entfernen und mit einem langen Faden entlang der Linie Vorstiche nähen.

2. Den Ring nun auf die linke Stoffseite legen und die Fäden der Vorstiche festziehen, sodass nur noch ein kleines Loch bleibt. Die Fadenenden festhalten und mit der Spitze einer Stricknadel die Schnittkanten durch das Loch nach innen schieben. Dadurch wird das Innere des Knopfes ausgefüllt und wölbt sich etwas. Die Fadenenden verknoten, jedoch nicht abschneiden.

3. An der Unterseite mit den Fadenenden den Stoff mit mehreren Hexenstichen straff um den Ring spannen. Dabei die Hexenstiche einmal rundherum führen, wie bei den Ziffern einer Uhr: von 12.00 Uhr nach 6.00 Uhr; von 1.00 Uhr nach 7.00 Uhr; von 2.00 nach 8.00 Uhr usw. Dann die Fäden sichern und abschneiden.

4. Damit der Ring innerhalb des Stoffes nicht verrutscht, mit dem Leinengarn am inneren Rand des Ringes von der Vorderseite aus eine Runde Rückstiche nähen. Zur Dekoration über den Rückstich und um den Ring eine Runde Schlingstiche setzen. Den Faden sichern und abschneiden. An der Unterseite eine Fadenöse arbeiten. (Siehe *Einen Singleton-Knopf herstellen*, Seiten 104–105, und *Eine feste Unterseite mit einer Fadenöse herstellen*, Seiten 87–88.)

GEGENÜBER: *Singleton-Knöpfe wurden traditionell in Weiß hergestellt und zeigten ein aufgesticktes fünfblättriges Gänseblümchen. Sie maßen etwa 12 mm im Durchmesser. Diese Knopfart kann jedoch in jeder Größe und aus vielen verschiedenen Stoffarten hergestellt werden.*

Seidenrosenknopf

Für diese Rose wurde Seide mit Farbverlauf gewählt, sodass zwischen inneren und äußeren Blütenblättern zarte Farbübergänge entstehen. Für ein natürliches Aussehen den Knopf so arbeiten, dass der dunkelste Farbton im Innern der Blume und der hellste an der Außenseite liegt.

Material

- Mit Tauchfärbung gefärbter Satin in Rosé und Schwarz: 50 cm x 90 cm
- Nähgarn in Weinrot
- Überziehbare Knöpfe: Ø 29 mm, in der gewünschten Menge

Werkzeug

- Schneiderschere
- Stoffmarkierstift
- Langes Lineal
- Nähnadel
- Kleine, scharfe Schere

1. Einen 4 cm breiten, 50 cm langen Schrägstreifen mit schönem Farbverlauf aus dem Stoff schneiden. Der Länge nach links auf links zur Hälfte falten. Die Schnittkanten aufeinander legen und mit dem Garn in doppelter Stärke eine Vorstichnaht nahe dieser Kante arbeiten. Am Faden ziehen, um den Stoff leicht zu raffen.

2. Zum Verbergen der Schnittkante ein Ende des Streifens schräg nach unten falten, den gerafften Streifen zu einer Spirale aufrollen und diese mit einigen Stichen sichern. Für ein fülliges Ergebnis den Streifen beim Rollen immer stärker raffen.

3. Nach den ersten beiden Runden die untere Kante um etwa 5 mm anheben und durch weitere Stiche sichern. Beim Nähen die Kante immer wieder leicht anheben. Das andere Ende wieder zum Verbergen schräg nach innen falten und festnähen.

4. Einen überziehbaren Knopf mit demselben Stoff beziehen (siehe *Überziehbare Knöpfe verwenden*, Seite 10). Die Rose auf der Knopfmitte mit dem Garn in doppelter Stärke mit zwei bis drei Stichen befestigen. Dann die Unterseite der äußeren Blütenblätter mit verborgenen Stichen an der Knopfkante festnähen. (Siehe auch *Einen Rosenknopf aus Seide herstellen*, Seiten 100–101.)

GEGENÜBER: *Durch Verändern der Stoffstreifen in Länge und Breite können Sie die Größe der Rose variieren. Diese Art Blumen eignet sich auch zum Dekorieren von Korsagen oder Haarspangen.*

Gebänderter Knopf

Für diesen Knopf wurden Bänder in vier Farben zusammengestellt. Zwei Farben verlaufen in die eine Richtung, die anderen beiden in die andere und ergeben so eine prächtige Musterung.

Material

Doppelsatinband: 3 mm breit, jeweils 1 m pro Knopf in Braun, Weinrot, Aubergine und Pink
Leichte Bügeleinlage in Schwarz
Überziehbare Knöpfe: Ø 29 mm, in der gewünschten Menge
Festes Nähgarn in Braun

Werkzeug

Stecknadeln
Falzbein
Stoffmarkierstift
Nähnadel
Ärmelbügelbrett

GEGENÜBER: *Diese Knöpfe können dank der großen Auswahl an Bändern in wunderschönen Farbkombinationen oder auch aus matten kombiniert mit glänzenden Qualitäten hergestellt werden.*

1. Lesen Sie *Mit Bändern weben* auf den Seiten 102–103. Arbeiten Sie mit zwei Bändern gleichzeitig. Führen Sie Schritt 1 auf Seite 102 mit den Farben Braun und Aubergine aus.

2. Das Falzbein in der Mitte der festgesteckten Bänder abwechselnd über und unter diesen hindurchschieben, um alle braunen Bänder anzuheben. Im Zwischenraum links vom Falzbein ein Band in Weinrot einfügen, dann mit dem Falzbein so in Position schieben, dass es einen rechten Winkel zu den in Schritt 1 festgesteckten Bändern bildet. Das obere Ende feststecken, dann das untere Ende abschneiden und feststecken.

Das Falzbein herausziehen und erneut zwischen die Bänder schieben, diesmal unter alle auberginefarbenen und über alle braunen Bänder. Ein Band in Pink zwischen dem Falzbein und dem letzten Band einfügen, abschneiden und dicht neben dem weinroten Band feststecken.

So fortfahren, bis das Webstück fertig ist, dabei abwechselnd die braunen und die auberginefarbenen Bänder anheben sowie abwechselnd weinrote und pinkfarbene Bänder einfügen.

3. Die Bügeleinlage, wie in Schritt 3 auf Seite 103 beschrieben, aufbügeln. Mithilfe der Schnittvorlage und dem Stoffmarkierstift Kreise auf dem Webstück anzeichnen und ausschneiden. Die Knopfform wie üblich beziehen (siehe *Überziehbare Knöpfe verwenden*, Seite 10). Wenn Sie mehrere Knöpfe herstellen möchten, ist es einfacher, mehrere kleine Stücke zu weben als ein großes.

Kugelknopf aus Spitze

Der Spitzenstoff für diese Knöpfe wurde so ausgeschnitten, dass das Motiv genau oben auf der Kugel sitzt. Zum Füllen eignet sich Baumwolleinlage, wie sie auch beim Quilten verwendet wird, besser als Polyester, da sie sich leichter zu einer festen Kugel komprimieren lässt.

Material

- Seidendupion: pro Knopf 1 Kreis in Creme, Ø 3 cm
- Spitze: pro Knopf 1 Kreis in Creme, Ø 3 cm
- Füllmaterial: kleine Menge Baumwolleinlage
- Festes Garn in Creme

Werkzeug

- Nähnadel
- Scharfe Schere
- Stricknadel

1. Ein Stoffkreis von 3 cm ergibt einen Kugelknopf von etwa 12 mm Durchmesser. Wenn der Knopf durch ein bereits vorhandenes Knopfloch passen soll, sollten Sie zunächst verschieden große Stoffkreise ausprobieren (dabei unbedingt die verschiedenen Größen notieren!). Die beiden Kreise übereinander legen (Spitze oben und Seide unten) und etwa 5 mm von der Kante entfernt mit einem doppelten, festen Faden einen Vorstich nähen. Mit den Fingern die Kante entlang der Stiche zur Seide hin kniffen.

2. Mit dem Spitzenstoff nach außen den Faden so zusammenziehen, dass nur eine kleine Öffnung bleibt. Die Fadenenden festhalten und mit der Stricknadelspitze das Füllmaterial in die Kugel schieben, bis sie sich hart anfühlt. Mit der Stricknadel die mit den Fingern gefaltete Schnittkante nach innen falten. Um das Loch zu schließen, die Fadenenden fest zusammenziehen und verknoten. Mit diesen Fadenenden kann der Knopf später am Objekt befestigt werden. (Siehe auch *Einen Kugelknopf aus Spitze herstellen*, Seiten 101–102.)

GEGENÜBER: *Diese Knöpfe sehen besonders hübsch an Oberteilen aus, die eng mit Knopfschlingen besetzt sind.*

Bildtransfer-Knopf

Alte Familienfotos haben zu diesen bezaubernden Knöpfen angeregt, die sich als Verzierung für Familienalben oder Scrapbooks eignen. Statt Bildtransferpaste kann man auch Transferfolie verwenden, die in gut sortierten Bastelläden erhältlich ist. Man kann damit Kopien von Schwarzweiß- und Farbfotos auf Stoff übertragen und mit diesem dann Knöpfe in der üblichen Weise beziehen.

Material

- Fotokopierte Bilder
- Bildtransferpaste
- Baumwollnessel
- Überziehbare Knöpfe: in der Größe passend zum fotokopierten Bild, in der gewünschten Menge

Werkzeug

- Papierhandtuch und Rollholz
- Schwamm und Wasser
- Stoffmarkierstift

GEGENÜBER: *Alte Schwarzweißfotos fallen als Farbkopien oft kontrastreicher aus. Um das Gesicht an die richtige Stelle auf den Knopf zu setzen, ist es hilfreich, die Schnittvorlage aus Pauspapier anzufertigen.*

1. Fertigen Sie eine Farbkopie von einem Foto an, verändern Sie gegebenenfalls die Größe. Bei dieser Technik wird das Bild später seitenverkehrt dargestellt, bei Zahlen und Buchstaben ist also Vorsicht geboten. Die Transferpaste laut Herstellerangaben mit dem Pinsel auf die Fotokopie auftragen, dabei etwa eine Fläche in der Größe der Schnittvorlage bedecken. Die Paste sollte so dick aufgetragen werden, dass das Bild darunter verschwindet.

2. Die Fotokopie mit der rechten Seite nach unten auf den Nessel legen, mit einem Papierhandtuch bedecken und mit dem Rollholz fest andrücken. Papierhandtuch entfernen und überschüssige Paste wegwischen. Nach Herstellerangaben auf dem Stoff trocknen lassen.

3. Schwamm anfeuchten und auf die Fotokopie legen. Sobald das Papier vollkommen durchgeweicht ist, dieses vorsichtig mit dem Schwamm vom Stoff abnehmen, dabei von innen nach außen arbeiten, damit das Bild nicht vom Stoff abgehoben wird. Nachdem das Papier vollständig entfernt ist, den Stoff trocknen lassen. (Falls noch Papierreste übrig sind, den Vorgang wiederholen.) Das Bild durch Auftragen einer dünnen Schicht Transferpaste versiegeln. Vollständig trocknen lassen. Den Stoffkreis für den Knopf mithilfe eines Stoffmarkierstiftes und der Schnittvorlage anzeichnen; dabei darauf achten, dass das Bild zentriert ist. Den Knopf wie üblich beziehen (siehe *Überziehbare Knöpfe verwenden*, Seite 10).

Kunststoff- und Gummiknöpfe

Dass Kunststoff heute so weit verbreitet ist, sollte Kunsthandwerker nicht von der Verwendung dieses vielseitigen Materials abhalten. Aus modernen Werkstoffen lassen sich Knöpfe herstellen, die ebenso interessant und individuell sind wie traditionell gefertigte Knöpfe.

Einen Knopf aus transparenten 3-D-Stickern herstellen

Diese Art Sticker, auch »Page Pebble« genannt, ist vollkommen durchsichtig, auf einer Seite gewölbt und auf der anderen, selbstklebenden Seite flach. Bei dieser Technik wird der Sticker auf einen flachen Metallknopf mit Öse aufgebracht, dazwischen können flache Gegenstände aller Art eingeschlossen werden – hier bildet eine Pfauenfeder das schmückende Element.

1. Die Größen von Sticker und Knopf sollten nicht mehr als ein bis zwei Millimeter voneinander abweichen. Den Sticker auf die Oberseite der Pfauenfeder kleben und mit einer Schere vorsichtig alles, was um den Sticker herum übersteht, abschneiden. Den Sticker mit der flachen Seite nach unten auf die Oberseite des Knopfes legen.

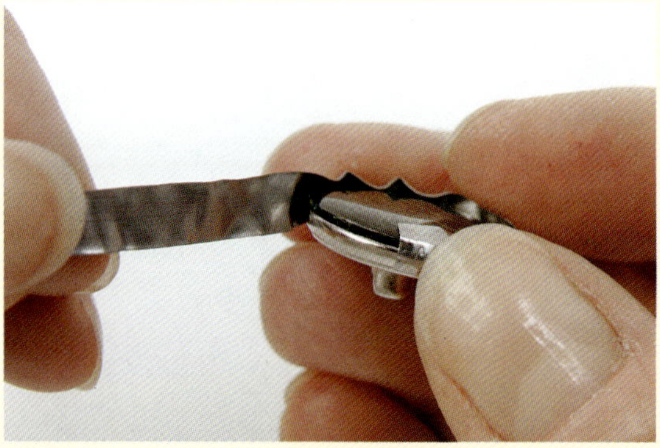

2. Etwas selbstklebendes Bleiband abrollen und seitlich über die gesamte Verbindungsnaht zwischen Sticker und Knopf kleben, sodass die Hälfte des Bandes den Sticker, die andere Hälfte den Knopf bedeckt. Beim Drehen alle drei Bestandteile festhalten. Die Enden ein wenig überlappen lassen und abschneiden.

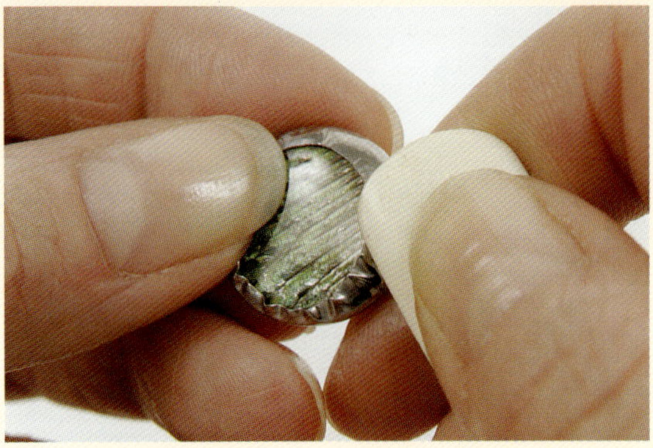

3. Mit einem Falzbein die Kanten des Bleibandes auf der Ober- und Unterseite des Knopfes glatt streichen. Da das Blei sehr weich ist, lassen sich die Kanten glätten und blank reiben, sodass sämtliche Unebenheiten entfernt werden können. Danach unbedingt die Hände waschen, weil Blei bekanntlich leicht giftig ist.

Einen Knopf aus Friendly Plastic herstellen

Friendly Plastic ist eine durch Wärme modellierbare Masse, die in einer großen Farbpalette erhältlich ist. Sie kann im Ofen, unter dem Grill oder mit einer Heißluftpistole erwärmt werden. Hier wurde das herzförmige Motiv ausgestanzt, da sich auf diese Weise mehrere identische Herzen herstellen lassen.

1. Sie benötigen Friendly Plastic in zwei verschiedenen Farbtönen. Auf jedem Streifen ein 25 mm großes Quadrat anzeichnen und mit einer Schere ausschneiden. Diese Quadrate mit der rechten Seite nach oben auf eine Schneidematte legen und die Stanze mittig auf das erste Quadrat legen (hier wurde sie diagonal gelegt). Die Form mithilfe des Hammers ausstanzen. Den Vorgang beim zweiten Quadrat wiederholen.

2. Das ausgestanzte Motiv des einen Quadrates in die identisch geformte Aussparung des anderen Quadrates legen. Mit dem anderen Motiv in gleicher Weise verfahren. Um eine ebene Oberfläche zu erzielen, gut in die Aussparung eindrücken.

3. Den Ofen auf 120–140° C vorheizen. Die Quadrate auf ein mit Backpapier ausgelegtes Backblech legen und 3–5 Minuten erhitzen. Dadurch werden die beiden Bestandteile miteinander verschmolzen. Das Blech aus dem Ofen nehmen und abkühlen lassen. Im abgekühlten Zustand lassen sich die Quadrate leicht vom Backpapier lösen.

4. Eines der Quadrate auf eine Holzplatte legen. Mit einem dünnen Bohrer horizontal in der Mitte des Herzens zwei Löcher in einem Abstand von 7 mm bohren.

Nützliche Tipps

- Friendly-Plastic-Streifen, die in vielen Farben, auch mit irisierender und metallischer Oberfläche, erhältlich sind, können leicht mit einer scharfen Schere geschnitten werden. Die Einzelformen nebeneinander auf ein Bachblech legen oder mehrere Schichten übereinander legen, um einen 3-D-Effekt zu erzielen. Beim Erhitzen verschmelzen die einzelnen Formen miteinander.
- Immer nach den Herstellerangaben erhitzen. Überprüfen Sie, ob sich die einzelnen Bestandteile miteinander verbunden haben. Wenn nicht, die einzelnen Teilen näher aneinander schieben und den Vorgang des Erhitzens wiederholen.
- Nach dem Abkühlen können weitere Verzierungen wie Glitzersteine oder Pailletten hinzugefügt werden. Dafür die Oberfläche mit einer Nadel etwas aufrauen und das Stück mit einem Bastelkleber befestigen.

Einen Knopf aus Radiergummi herstellen

Mit dieser Technik entstehen aus einem witzigen Radiergummi farbenfrohe Knöpfe.

1. Den Radiergummi seitlich auf eine Schneidematte legen und gut festhalten. Mit einem Bastelmesser mit neuer Klinge eine etwa 3 mm dicke Scheibe abschneiden.

2. Die Scheibe auf einen Bogen feines Schleifpapier legen, zwischen Zeigefinger und Daumen halten und durch Reiben die Oberfläche glätten sowie auf eine gleichmäßige Stärke zurechtschleifen. Die Scheibe dann auf eine Holzplatte legen und mit einem dünnen Bohrer zwei Löcher mit kleinem Abstand bohren.

Nützlicher Tipp

- Das Bastelmesser sollte unbedingt eine neue Klinge haben. Für gerade Schnitte beim Schneiden sollten Sie nicht zu stark aufdrücken, sondern vorsichtig sägende Bewegungen ausführen.

Herzknopf aus Friendly Plastic

Diese metallisch glänzenden Knöpfe sind sehr leicht herzustellen. Sie eignen sich als Verschluss für Textilien oder als Zierknopf auf einer besonderen Karte für einen lieben Menschen.

Material
Friendly Plastic: pro Knopfpaar ein 25 mm großes Quadrat in Rot
Friendly Plastic: pro Knopfpaar ein 25 mm großes Quadrat in Gold

Werkzeug
Stanze in Herzform
Stanzhammer
Schneidematte
Mit Backpapier ausgelegtes Backblech
Ofen
Multifunktionswerkzeug (Dremel) mit HSS-Stahlbohrer, 2 mm
Holzplatte

1. Die Quadrate mit der Vorderseite nach oben auf eine Schneidematte legen und die Stanze mittig diagonal auf dem goldenen Quadrat positionieren. Die Form mithilfe des Hammers ausstanzen. Den Vorgang beim roten Quadrat wiederholen.

2. Das ausgestanzte goldene Motiv in die herzförmige Aussparung des roten Quadrates legen. Mit dem roten Herz umgekehrt verfahren. Um eine ebene Oberfläche zu erhalten, die Herzen fest in die Aussparung eindrücken.

3. Den Ofen auf 120–140° C vorheizen. Die Quadrate auf ein mit Backpapier ausgelegtes Backblech legen und 3–5 Minuten erhitzen, um die beiden Bestandteile miteinander zu verschmelzen. Das Blech aus dem Ofen nehmen und abkühlen lassen. Im abgekühlten Zustand lassen sich die Quadrate leicht vom Backpapier lösen.

4. Zum Schluss die Quadrate auf eine Holzplatte legen. Mit dem dünnen Bohrer jeweils horizontal in der Mitte des Herzens zwei Löcher in einem Abstand von etwa 7 mm bohren. (Siehe auch *Einen Knopf aus Friendly Plastic herstellen*, Seiten 117–118.)

GEGENÜBER: *Mithilfe einer Stanze lassen sich viele identische Knöpfe herstellen. Durch das Erhitzen werden die einzelnen Kunststoffteile miteinander verschmolzen. Das ausgestanzte Motiv wird auf diese Weise fest mit dem Rahmen verbunden. Knöpfe aus Friendly Plastic können in kaltem Wasser mit der Hand gewaschen werden.*

Knopf mit einem Schatz aus der Natur

Die leichte Wölbung dieses Knopfes vergrößert optisch den darin eingeschlossenen Gegenstand und lässt ihn sehr gut zur Geltung kommen. Diese Knöpfe heben die Schönheit abstrakter Details von bekannten Gegenständen wie Federn, Blumen oder Blättern besonders hervor.

Material

- Transparente 3-D-Sticker (Page Pebbles): Ø 18 mm, in der gewünschten Menge
- Glatter, flacher Metallknopf mit Öse: Ø 18 mm, in der gewünschten Menge
- Getrocknete und gepresste Blumen und Blätter
- Seidentaft in Braun: Kreis, Ø 18 mm
- Selbstklebendes Bleiband: 6 mm breit

Werkzeug

- Kleine, scharfe Schere
- Falzbein

1. Den Sticker auf die Oberseite der Blume kleben (wenn sie einmal miteinander in Berührung gekommen sind, können sie nicht wieder getrennt werden; die Klebefläche nicht mit den Fingern berühren). Mit einer Schere vorsichtig alles, was um den Sticker herum übersteht, abschneiden.

2. Falls nötig, den Kreis aus Seidentaft zwischen Blume und Metallknopf legen. Den Sticker mit der flachen Seite nach unten auf die Oberseite des Knopfes legen. Etwas selbstklebendes Bleiband abrollen und seitlich über die gesamte Verbindungsnaht zwischen Sticker und Knopf kleben. Beim Drehen alle drei Bestandteile festhalten. Die Enden ein wenig überlappen lassen und abschneiden.

3. Mit einem Falzbein die Kanten des Bleibandes auf Ober- und Unterseite des Knopfes glatt streichen. Die Kanten glätten und blank reiben, sodass keine Unebenheiten übrig bleiben. Danach unbedingt die Hände waschen, da Blei leicht giftig ist. (Siehe auch *Einen Knopf aus transparenten 3-D-Stickern herstellen*, Seite 116.)

GEGENÜBER: *Unter dem Sticker können flache Gegenstände aller Art eingeschlossen werden. Wenn das Objekt nicht die gesamte Oberfläche bedeckt und die Metalloberfläche des Knopfes nicht dazu passt, einfach eine Lage Stoff zwischen Gegenstand und Knopf einfügen.*

Radiergummiknopf

Ein witziger Radiergummi diente als Ausgangsmaterial für diesen fröhlichen Knopf, der junge Mädchen begeistern wird. Halten Sie nach Radiergummis mit interessanten und geeigneten Formen Ausschau!

Material

Radiergummi, der sich in Scheiben schneiden lässt

Werkzeug

Schneidematte

Bastelmesser

Feines Schleifpapier

Multifunktionswerkzeug (Dremel) mit HSS-Stahlbohrer, 1,5 mm

Holzplatte

1. Den Radiergummi seitlich auf eine Schneidematte legen und gut festhalten. Mit einem Bastelmesser mit neuer Klinge eine etwa 3 mm dicke Scheibe abschneiden.

2. Die Scheibe auf einen Bogen feines Schleifpapier legen, zwischen Zeigefinger und Daumen halten und durch Reiben die Oberfläche glätten sowie auf gleichmäßige Stärke zurechtschleifen.

3. Die Scheibe dann auf eine Holzplatte legen und mit dem dünnen Bohrer zwei Löcher in einem kleinen Abstand bohren, dazu eine zum Motiv oder Design passende Stelle wählen. (Siehe auch *Einen Knopf aus Radiergummi herstellen*, Seite 119.)

GEGENÜBER: *Diese Radiergummi-Knöpfe sind eine farbenfrohe Alternative zu den Knöpfen, mit denen dieses Kleid ursprünglich ausgestattet war. Man kann sie bei niedrigen Temperaturen waschen.*

Bezugsquellen

Deutschland

Coats GmbH
Kaiserstr. 1
D-79341 Kenzingen
www.coatsgmbh.de
(Franseneffektgarn u.a.)

BASTELONLINESHOP
Landweg 14
D-90513 Zirndorf
www.bastelonlineshop.de

Werken–Spielen–Schenken
Schlossstr. 110b
D-12163 Berlin
www.werken-spielen-schenken.de

Hobbycompany
Marienhöhe 69
D-25451 Quickborn
www.basteln-und-schenken.de
(Stanzen)

Weinheimer Art and Design
The Manager
Am Schlossgarten 5
D-69493 Hirschberg
(Lederstanzen »Paddle Punches«)

Quiltzauberei
Hünxer Str. 104
D-46537 Dinslaken
www.quiltzauberei.de
(Shisha-Spiegel, Friendly Plastic)

Wolle Reis
Breiter Weg 64
D-26603 Aurich
www.wolle-reis.de

Kreativ-Store
Nahering 8–10
D-55218 Ingelheim

Knopf-Paul
Zossener Str. 10
D-10961 Berlin
www.paulknopf.de

Prym Consumer GmbH & Co. KG
Zweifaller Str. 130
D-52224 Stolberg
www.prym-consumer.de
(Knopfrohling »Creativ Knopf«)

Hobby-Shop Wilhelm Rüther
Goltzstr. 37
D-10781 Berlin
www.hobbyshop.de

Bastelfarm
Schillerstrasse 30
D-64407 Fränkisch-Crumbach
www.bastelfarm.de

Opitec Handel GmbH
Sulzdorf / Hohlweg 1
D-97232 Giebelstadt
www.opitec.de

Knorr Prandell GmbH
Michael-Och-Str. 5
96215 Lichtenfels
www.bastelideen.com

Rayher Hobby GmbH
Fockestraße 15
D-88471 Laupheim
www.rayher-hobby.de

Eberhard Faber GmbH
EFA-Str. 1
D-92318 Neumarkt
www.eberhardfaber.de

VBS Verdener Bastel Service GmbH
Große Str. 130
27270 Verden
www.vbs-hobbywelt.de

Schweiz

Bastelboutique Leibundgut AG
Kuttelgasse 8
CH-8001 Zürich

WollWirrWare
Astrid Balli
Wylerstraße 53
CH-3014 Bern
www.woll-laden.ch

Hobby Atelier
Neumarkt 14B
CH-5200 Brugg
(Lederstanzen »Paddle Punches«)

Opitec SA/AG
Route H. Pestalozzi 1
CH-1707 Freiburg
E-Mail: info.ch@opitec.com

Österreich

Zwei glatt, zwei verkehrt
Christine Withalm
A-1080 Wien
Josefstädter Str. 14
www.zweiglattzweiverkehrt.at

Holzmann OHG
Brünnerstr. 11
A-1211 Wien

A. Katzer
Wollzeile 5
1010 Wien
www.akatzer.at

Opitec ProdVertr.-GmbH
Breitenfurterstr. 262
A-1230 Wien
E-Mail: info.at@opitec.com

Register

Dank

Mein Dank gilt dem Team von Collins & Brown, u. a. Marie Clayton, Jane Ellis und Liz Wiffen. Ich danke auch Matthew Dickens von OnEdition, Lucinda Symons für die wunderbaren Fotos, Luise Roberts für ihre Informationen über traditionelle Herstellungstechniken von Knöpfen; Kate Haxell für die gestrickten Knöpfe auf den Seiten 18–21 und die Perlenknöpfe auf den Seiten 44–45. Und schließlich danke ich meiner Mutter Ann Beaman für die gehäkelten Knöpfe auf den Seiten 24–27 und für die Pompon-Knöpfe auf den Seiten 34–35.

www.sarahbeaman.com